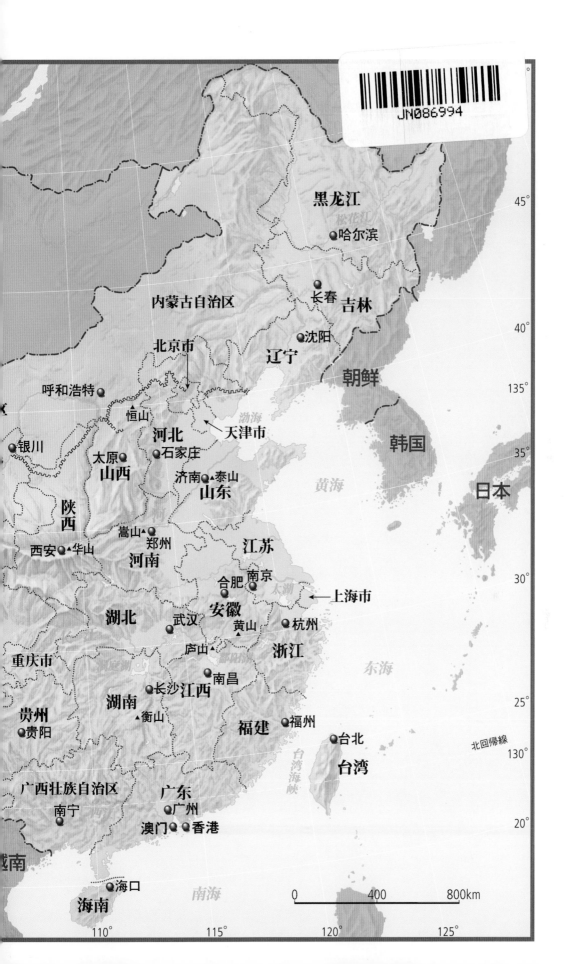

黒龙江

哈尔滨

长春 吉林

沈阳

内蒙古自治区

辽宁

北京市

朝鮮

呼和浩特

恒山

韩国

河北

天津市

渤海

日本

银川

太原 石家庄

山西 济南 ▲泰山

山东

黄海

陕西

嵩山▲

西安 ▲华山 郑州

河南 江苏

合肥 南京

太湖

上海市

湖北 武汉 安徽

黄山▲ 杭州

庐山▲ 浙江

重庆市

东海

南昌

长沙 江西

湖南 衡山▲

贵州 福建 福州

贵阳 台北

北回帰線

台湾

广西壮族自治区

广东

台湾海峡

南宁 广州

澳门 香港

越南

海口

海南 南海

45°

135°

40°

35°

30°

25°

130°

20°

0   400   800km

110°   115°   120°   125°

初級中国語

きっかけ24

相原　茂　著
蘇　紅

HANYU RUMEN KIKKAKE 24

朝日出版社

音声ダウンロード

 音声再生アプリ「リスニング・トレーナー」新登場（無料）

朝日出版社開発のアプリ、「リスニング・トレーナー（リストレ）」を使えば、教科書の音声をスマホ、タブレットに簡単にダウンロードできます。どうぞご活用ください。

まずは「リストレ」アプリをダウンロード

▶ App Store はこちら

▶ Google Play はこちら

アプリ【リスニング・トレーナー】の使い方

❶ アプリを開き、「コンテンツを追加」をタップ

❷ QRコードをカメラで読み込む

❸ QRコードが読み取れない場合は、画面上部に 45334 を入力し「Done」をタップします

パソコンでも以下のURLから音声をダウンロードできます

http://audiobook.jp/exchange/asahipress

▶ **音声ダウンロード用のコード番号【45334】**

※ audiobook.jp への会員登録（無料）が必要です。すでにアカウントをお持ちの方はログインしてください。

QRコードは㈱デンソーウェーブの登録商標です

Webストリーミング音声

http://text.asahipress.com/free/ch/kikkake

◆本テキストの音声は、上記のアプリ、ストリーミングでのご提供となります。
　本テキストにCD・MP3は付きません。

序

「きっかけ24」とは何か。

中国人と友だちになる24のきっかけ言葉を考え，それらが使われる場面を教科書上に展開したものである。

中国語を学ぶときには先生が絶対に必要だ。先生は発音を教え，文法を教え，日中の異文化コミュニケーションも教えてくれる。しかも正しく導いてくれる。

だが先生だけでは足りない。先生はあなた一人のものではない。

自分が学生の時を振り返ってみる。

すると後年中国語をわがものとしたり，それを自分の専門に活かしているような人は，大抵「中国人の友人」をもっていたようだ。

ときどき学内で会ってお喋りしたり，教科書の疑問点を質問したり，あるいは相手の「日本の不思議」に答えてあげたりする。

休日には会って映画を見てもよいし，郊外へ足をのばしてもよい。一緒にいれば，その時間，中国語で喋り続けることだってできるではないか。

ケータイの扱いなど，いまや中国人の方が進んでいそうだ。中国語でメールをうつ，"百度一下"でことばをしらべてみる。ショートビデオを愉しむ。めくるめくような中国語の世界が広がっている。

もの淋しい夜には電話をしてもいいだろう。お互いの友人を紹介しあって友だちの輪を広げてもよい。

本書『きっかけ24』が日中の理解を深め，やがて学習者の実りある人生を育む一助になればと願う。

令和元年　秋

著者

目　次

発音編

●発音 (1)

　中国語は日本人にもなじみ深い「漢字」で書き表される．漢字は目で理解するにはよいが，肝心の音をはっきりと示してはくれない．音を表すために，表音文字のローマ字を使う．これをピンインという．

◁)) 1

POINT 1 **声調**

ā　　á　　ǎ　　à

第一声	高く平ら	mā ［妈］
第二声	急激に上昇	má ［麻］
第三声	低くおさえる	mǎ ［马］
第四声	急激に下降	mà ［骂］
軽 声	軽く短く	māma ［妈妈］

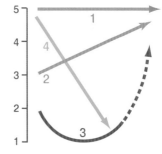

🐼 **こうして発声** —— 力の入れ所・抜き所

第1声	第2声	第3声	第4声

練習

Māma　mà　mǎ.
妈妈　　骂　　马。
S　　**V**　　**O**

母さん
馬を
しかる

◁)) 2

POINT 2　単母音

			口を大きくあけて舌を下げ，明るく「アー」を出す.
			日本語の「オ」よりも唇をまるく突き出して発音する.
			o の発音から唇のまるめをとり（舌の位置はそのままで），口をやや左右に開き，のどの奥で「ウ」と言うつもりで.
i			子供が「イーッ！」と言う時の「イ」. 唇を左右にひく.
			日本語の「ウ」よりも思いきって唇をまるくつきだし，口の奥から声を出す.
ü			上の u を言う唇の形をして，「イ」を言う. 横笛を吹く時の口の形.
er			a の口の形をして，上で学んだ e を言い，同時に舌先をヒョイとそり上げる.「アル」と二つの音に分かれぬよう.

練習　◁)) 3

a — ā á ǎ à　　　　i — yī yí yǐ yì

o — ō ó ǒ ò　　　　u — wū wú wǔ wù

e — ē é ě è　　　　ü — yū yú yǐ yì

er — ēr ér ěr èr

〈広い〉　　　　　　　　　　〈狭い⇒書き換え〉

POINT 3 複母音

ai とか ei のように，母音が二つ以上連なっているもの．いずれも「なめらかに」発音する．

	a	o	e	ai	ei	ao	ou
i	ia	╱	ie	╱	╱	iao	iou
u	ua	uo	╱	uai	uei	╱	╱
ü	╱	╱	üe	╱	╱	╱	╱

🐼 三つのタイプ　　　　　　　　　🔊 5

> **>型 (しりすぼみ型)**　　ai ei ao ou

　>型は初めの音は口の開きが大きく，後の音は小さく

a　　　　i

> **<型 (発展型)**　　ia ie ua uo üe

　<型は初めの音が口の開きが小さく，後を大きく

i　　　　a

> **◇型 (ひしもち型)**　　iao iou uai uei

　◇型は，＜と＞が合体した型

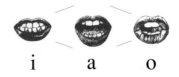

i　　a　　o

練習　　　　　　　　　　　　　　　　　　　　　◁)) 6

ai —— āi　　ái　　ǎi　　ài

ei —— ēi　　éi　　ěi　　èi

ao —— āo　　áo　　ǎo　　ào

ou —— ōu　　óu　　ǒu　　òu

ia —— yā　　yá　　yǎ　　yà　　　→　i, u, üで
　　　　　　　　　　　　　　　　　　　　はじまる音節
ie —— yē　　yé　　yě　　yè　　　　　は書き換える

iao —— yāo　yáo　yǎo　yào

iou —— yōu　yóu　yǒu　yòu

ua —— wā　　wá　　wǎ　　wà

uo —— wō　　wó　　wǒ　　wò

uai —— wāi　wái　wǎi　wài

uei —— wēi　wéi　wěi　wèi

üe —— yuē　yué　yuě　yuè

🐼 もうこんなに言える —— 発音できる単語

wǒ　　　　　　　ài　　　　　　nǐ　　　　S V O
我　　＋　　愛　　＋　　你　　＝　　我爱你。
私　　　　　　愛する　　　　　あなた　　　私はあなたを愛する.

声調記号をどこにつけるか

(1) a があればのがさずに,　　　　　→　māo　guǎi
(2) a がなければ, e か o をさがし,　→　xué　duō
(3) i, u が並べば後ろにつりて,　　　→　jiǔ　huì
(4) 母音一つは迷わずに.　　　　　　→　tì　lù
　　なお, i につける時は上の点をとって yī, yí, yǐ, yì のように.

◁))) 7

❶ まず順番に発音します．次にどれか一つを発音します．それを＿＿＿に書きなさい．

(1) ā á ǎ à .... (2) ō ó ǒ ò ....

(3) ē é ě è .... (4) yī yí yǐ yì ....

(5) wū wú wǔ wù .... (6) yū yú yǔ yù ....

(7) ēr ér ěr èr .... (8) mā má mǎ mà ....

◁))) 8

❷ 発音を聞いて，声調記号をつけなさい．

(1) a   (2) o   (3) e

(4) yi   (5) wu   (6) yu

(7) er   (8) ma

◁))) 9

❸ まず順番に発音します．次にどれか一つを発音します．それを＿＿＿に書きなさい．

(1) āi ái ǎi ài .... (2) ēi éi ěi èi ....

(3) āo áo ǎo ào .... (4) ōu óu ǒu òu ....

(5) yā yá yǎ yà .... (6) yē yé yě yè ....

(7) yāo yáo yǎo yào .... (8) yōu yóu yǒu yòu ....

(9) wā wá wǎ wà .... (10) wō wó wǒ wò ....

(11) wāi wái wǎi wài .... (12) wēi wéi wěi wèi ....

(13) yuē yué yuě yuè ....

4 発音を聞いて，声調記号をつけなさい.

(1) ai   (2) ei   (3) ao   (4) ou   (5) ya

(6) ye   (7) yao   (8) you   (9) wa   (10) wo

(11) wai   (12) wei   (13) yue

中国の青春スターたち

● 発音 (2)

　漢字は1字が1音節になっている. 下の絵は中国語の音節怪獣「アクハシ」. 頭の部分を「声母」といい, 首から下を「韻母」という. この課では「声母」, すなわち音節のアタマにくる子音を学ぶ.

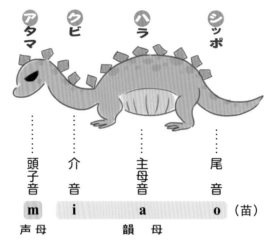

| 頭子音 | 介音 | 主母音 | 尾音 |
| m | i | a | o | （苗）
| 声母 | | 韻　母 | |

◁)) 11

声母表

	〈無気音〉	〈有気音〉	〈鼻音〉	〈摩擦音〉	〈有声音〉
唇　　音	b (o)	p (o)	m (o)	f (o)	
舌 尖 音	d (e)	t (e)	n (e)		l (e)
舌 根 音	g (e)	k (e)		h (e)	
舌 面 音	j (i)	q (i)		x (i)	
そり舌音	zh (i)	ch (i)		sh (i)	r (i)
舌 歯 音	z (i)	c (i)		s (i)	

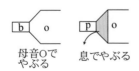

母音Oで　　息でやぶる
やぶる

◁》 **12**

POINT 2 無気音と有気音

b — p	bo po	ba pa	bao pao
d — t	de te	da ta	duo tuo
g — k	ge ke	gu ku	gai kai
j — q	ji qi	ju qu	jue que
z — c	zi ci	ze ce	zao cao

👉 ü が j, q, x の直後に続く時は,
ü の上の¨をとって u にする.
なお単独では yu と書く.

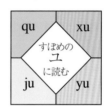

◁》 **13**

POINT 3 そり舌音

zh (i) —— **ch** (i)

　舌先で上の歯茎をなぞり上げる. 硬いところの少し上に, やや深く落ちこんでいるところがある. その境目辺りに舌先を突っかい棒をするようにあてがい,

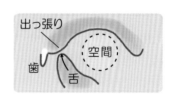

　　zh は無気音, 息を抑えるように「ヂ」
　　ch は有気音で, 息を強く出して「チ」

sh (i) —— **r** (i)

　そり上げた舌を歯茎につけず, 少しすき間を残し, そこから息を通す. その時, 声帯(のど)を振動させなければ sh「シ」, いきなり声を出して声帯をふるわせれば r「リ゛」.

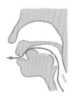

構えて　➡　息をため　➡　発音 { 無気 zh(i) / 有気 ch(i) }　　sh(i)　　r(i)

zhī	zhí	zhǐ	zhì	……	zhǐ	［纸］	纸
chī	chí	chǐ	chì	……	chī	［吃］	食べる
shī	shí	shǐ	shì	……	shì	［是］	〜である
rī	rí	rǐ	rì	……	rì	［日］	日

練習 (2)　　🔊 **15**

| zá ［杂］ | zǐ ［子］ | cā ［擦］ | cǎo ［草］ | sū ［苏］ | lì ［力］ |
| zhá ［闸］ | zhǐ ［纸］ | chā ［插］ | chǎo ［炒］ | shū ［书］ | rì ［日］ |

＊上下で練習. 下は舌が立っていることを確認

POINT 4　消えるoとe

　複母音の iou, uei が声母と結合して音節を作ると，iᵒu, uᵉi のように，まん中の母音が弱くなる（ただし，第3声の時はわりあい明瞭に聞こえる）．このため，次のようにoやeを省略して綴る．

| l + iou → liu | j + iou → jiu 〈消える o〉 |
| t + uei → tui | h + uei → hui 〈消える e〉 |

i（私）とu（あなた）の間には何かが隠れている！ o e

練習　　🔊 **16**

liū	liú	liǔ	liù	……	liù	［六］	六
jiū	jiú	jiǔ	jiù	……	jiǔ	［九］	九
duī	duí	duǐ	duì	……	duì	［对］	正しい
huī	huí	huǐ	huì	……	huí	［回］	帰る

◁》 **17**

POINT 5　同じ i でも違う音

三つの i
- ji　qi　xi　………… ［ i ］するどい i
- zhi　chi　shi　ri　………… ［ ʅ ］こもった i
- zi　ci　si　………… ［ ɿ ］平口の i

するどい i（愛）　こもった i（愛）　平らな i（愛）

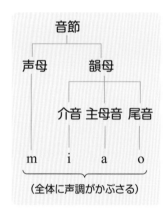

（全体に声調がかぶさる）

◆ 中国語の音節構造

音節は大きく「声母」と「韻母」の二つに分けることができる.

「声母」とは音節の頭についている子音.

「韻母」は残りの, 母音を含む部分.

「韻母」のところは少し複雑で, これを「介音」「主母音」「尾音」の三つに分けることができる.

左の図では miao とすべての要素が揃っている.

さかさまの "福" の字

🔊 **18**

① どちらか一方を発音します．読まれた方を＿＿＿＿に書きなさい．

(1) bō ⟷ pō ＿＿＿＿＿   (2) dē ⟷ tē ＿＿＿＿＿   (3) gē ⟷ kē ＿＿＿＿＿

(4) jī ⟷ qī ＿＿＿＿＿   (5) zhī ⟷ chī ＿＿＿＿＿   (6) zī ⟷ cī ＿＿＿＿＿

(7) dà ⟷ tà ＿＿＿＿＿   (8) jù ⟷ qù ＿＿＿＿＿   (9) zǎo ⟷ cǎo ＿＿＿＿＿

🔊 **19**

② まず，順番に発音します．次にどちらかを発音します．それを＿＿＿＿に書きなさい．

(1) zài   cài ＿＿＿＿＿   (2) bǎo   pǎo ＿＿＿＿＿

(3) duō   tuō ＿＿＿＿＿   (4) jià   xià ＿＿＿＿＿

(5) sī   shī ＿＿＿＿＿   (6) huā   guā ＿＿＿＿＿

(7) zī   zū ＿＿＿＿＿   (8) chī   chū ＿＿＿＿＿

(9) qì   qù ＿＿＿＿＿   (10) qī   chī ＿＿＿＿＿

🔊 **20**

③ まず，順番に発音します．次にどれかを発音します．それを＿＿＿＿に書きなさい．

(1) jī   qī   chī ＿＿＿＿＿   (2) zhǐ   jǐ   chǐ ＿＿＿＿＿

(3) shū sū cū ＿＿＿＿＿   (4) xī   shī   xū ＿＿＿＿＿

(5) ròu lòu rè ＿＿＿＿＿   (6) hēi huī fēi ＿＿＿＿＿

(7) cài zài sài ＿＿＿＿＿   (8) qǔ   jǔ   xǔ ＿＿＿＿＿

(9) sè   shè cè ＿＿＿＿＿   (10) tù   dù   kù ＿＿＿＿＿

4 1から10までの数を発音します. 発音を聞いて声調記号をつけなさい.

一 yi   二 er   三 san   四 si   五 wu

六 liu   七 qi   八 ba   九 jiu   十 shi

少数民族の衣装

Lesson 3

●発音 (3)

　中国語の韻母には -n や -ng で終わるものがある．例えば, xīn（新）と xīng（星）ではまったく別の語になる．日本語は, -n か -ng かを区別しないが, 例えば「アンナイ（案内）」では n が,「アンガイ（案外）」では ng が実際の発音ではあらわれている．口の中の舌の位置に思いを馳せてみよう．

🔊 **22**

1 鼻音 (-n, -ng) を伴う母音

〈介音〉

	an	en	ang	eng	ong
ゼロ	an	en	ang	eng	ong
i	ian (yan)	in (yin)	iang (yang)	ing (ying)	iong (yong)
u	uan (wan)	uen (wen)	uang (wang)	ueng (weng)	
ü	üan (yuan)	ün (yun)			

（　）内は前に子音がつかない時の表記

◆ an と ang

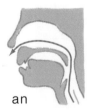
an

ang

　n は舌を上の歯茎に押しつけるようにし, ng は最後は口を開けたまま舌先はどこにもつけない．ng は文字では 2 つだが, [ŋ] という一音だ．母音 a の違いにも気をつけたい．an のときは前寄りの [a] だ．対して ang のときは後寄りの [ɑ] になる．

◆ a 系列と e 系列

〈介音〉

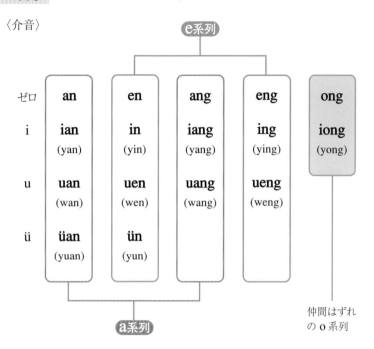

e系列

ゼロ	an	en	ang	eng	ong
i	ian (yan)	in (yin)	iang (yang)	ing (ying)	iong (yong)
u	uan (wan)	uen (wen)	uang (wang)	ueng (weng)	
ü	üan (yuan)	ün (yun)			

a系列

仲間はずれ
の o 系列

◆ ふぞろいな e 系列の秘密

〈介音〉

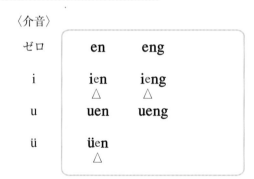

ゼロ	en	eng
i	ien △	ieng △
u	uen	ueng
ü	üen △	

e系列と言うのに，e の音が含まれていないものがあります．しかし本当は e が隠れているのです．

　左のように考えると，きれいな e の体系ができました．これで a 系列と対等です．△印が隠れている e．

発音の早口ことば

真　冷，真　冷，真正　冷，
Zhēn lěng, zhēn lěng, zhēnzhèng lěng,

猛　的一　阵　风，更　冷。
měng de yí zhèn fēng, gèng lěng.

練習

(1) **an ── ang**

bān ［班］	bāng ［帮］
fàn ［饭］	fàng ［放］
wán ［完］	wáng ［王］

(2) **en ── eng**

mén ［门］	méng ［萌］
fēn ［分］	fēng ［风］
wēn ［温］	wēng ［翁］

(3) **in ── ing**

yīn ［因］	yīng ［英］
mín ［民］	míng ［明］
xìn ［信］	xìng ［姓］

yán は［言］なのに
（言えん）だって
イエン

(4) **ian ── iang**

yán ［言］	yáng ［羊］
qián ［钱］	qiáng ［强］
xiān ［先］	xiāng ［香］

qián のある者が qiáng
［钱］　　　　［强］

-n か -ng か？

　-n で終わるのか -ng で終わるのか迷うことがありますが，次のような
対応関係を知っておくと便利です.

　　　中国語で　-n　→　日本語漢字音で「－ン」で終わる
　　　　　　　　　　　例：山 shān ── サン　　前 qián ── ゼン

　　　中国語で　-ng　→　日本語漢字音で「－ウ」または「－イ」で終わる
　　　　　　　　　　　例：送 sòng ── ソウ　　英 yīng ── エイ

POINT
2
またしても消える e

uen が声母に続く場合，uᵉn のようにまん中の母音が弱くなる．このためローマ字綴りでは，次のように，e が消える．

k ＋ uen → kun   c ＋ uen → cun 〈消える e〉

練習

kūn   kún   kǔn   kùn …… 困 kùn（ねむい）

cūn   cún   cǔn   cùn …… 存 cún（たくわえる）

-n と -ng では大違い

(1) fàn 饭   （ご飯）   fàng 放   （置く）
(2) yànzi 燕子   （つばめ）   yàngzi 样子   （様子）
(3) qián 钱   （お金）   qiáng 强   （強い）
(4) rénshēn 人参 （朝鮮人参）   rénshēng 人生 （人生）

朝は熱々のマントウ

🔊 27

① まず両方を発音します．次にどちらか一方を発音します．読まれた方を_____に書きなさい．

(1) shān 　［山］やま 　　shāng 　［伤］きず 　..................

(2) yán 　［盐］しお 　　yáng 　［羊］ひつじ 　..................

(3) fàn 　［饭］ご飯 　　fàng 　［放］置く 　..................

(4) xìn 　［信］手紙 　　xìng 　［姓］姓 　..................

(5) qián 　［钱］お金 　　qiáng 　［强］つよい 　..................

(6) chuán 　［船］船 　　chuáng 　［床］ベッド 　..................

(7) dēng 　［灯］あかり 　　dōng 　［东］東 　..................

(8) nián 　［年］とし 　　niáng 　［娘］お母さん 　..................

(9) chén 　［沉］重い 　　chéng 　［城］まち 　..................

🔊 28

② 発音を聞いて空欄に n か ng を伴う母音を書き入れなさい．

(1) zh............ ［张］　　(2) d............ ［邓］　　(3) sh............ ［双］

(4) x............ ［先］　　(5) g............ ［干］　　(6) s............ ［森］

(7) h............ ［黄］　　(8) ch............ ［船］　　(参考 22 頁)

3 おなじみの中国語，発音を聞いて，声調記号をつけなさい．

(1) 乌龙茶

<u>wulongcha</u>

(2) 麻婆豆腐

<u>mapo　doufu</u>

(3) 熊猫

<u>xiongmao</u>

(4) 上海

<u>Shanghai</u>

春節の門飾り

●発音 (4)

Nǐ hǎo.　　[你好]
こんにちは.

 ◁)) 30

Nǐmen hǎo.　[你们好]
みなさんこんにちは.

Nǐ lái le.　　[你来了]
いらっしゃい.

Qǐngwèn.　　[请问]
おうかがいしますが.

Xièxie.　　[谢谢]
ありがとう.

Bú xiè.　　[不谢]
どういたしまして.

Zàijiàn.　　[再见]
さようなら.

◁)) 31

POINT
1
第3声＋第3声 → 第2声＋第3声

変調しても, 声調記号はもとの3声のままにしておく.

nǐ hǎo
你　好

yǒuhǎo
友好

shǒubiǎo
手表

うしろと
同じは
イヤです

🔊 32

POINT **2** bù［不］の声調変化

　否定を表す bù［不］は本来第4声であるが，後に第4声がくると，bù は第2声に変化する．声調記号も変化した第2声のマークをつけるのがふつう．

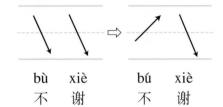

bù　xiè　⇨　bú　xiè
不　谢　　　不　谢

練習

bù + 第1声：bù hē 　［不喝］　飲まない ⎫
bù + 第2声：bù lái　［不来］　来ない　 ⎬ 変化しない
bù + 第3声：bù mǎi　［不买］　買わない ⎭

bù + 第4声：bú pà　［不怕］　こわくない　→ 第2声に変化

うしろと
同じは
イヤです
不不
不

🔊 33

POINT **3** yī［一］の声調変化

yī［一］は本来第1声 yī であるが，次のように声調変化を起こす．

yī + 第1声：yìqiān　　［一千］ ⎫
yī + 第2声：yì nián　［一年］ ⎬ → yì（第4声に）
yī + 第3声：yìbǎi　　 ［一百］ ⎭

このように第4声となる．ところが後ろに第4声がくると，

yī + 第4声：yí wàn　［一万］　 → yí（第2声に）

　序数を表す時は本来の声調 yī が普通：yīyuè　［一月］
　後に何も続かぬ時も本来の声調 yī　　：tǒngyī［统一］

後に何か続いても，［一］が前の単位に属するのであれば本来の声調 yī：

tǒngyī zhànxiàn ［［统一］战线］　　shíyī suì ［［十一］岁］

POINT 4 軽声

軽声はそれ自体に決まった高さがなく，前の音節に続けて軽くそえる.

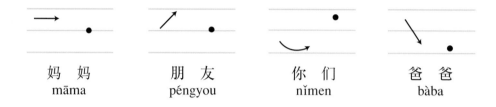

妈 妈	朋 友	你 们	爸 爸
māma	péngyou	nǐmen	bàba

POINT 5 声調の組み合わせ

二つの音節が合わさると，その声調パターンは全部で 20 通り.

	1	2	3	4	0
1	māmā	māmá	māmǎ	māmà	māma
2	mámā	mámá	mámǎ	mámà	máma
3	mǎmā	mǎmá	mǎmǎ	mǎmà	mǎma
4	màmā	màmá	màmǎ	màmà	màma

◆ **声母表**……忘れていませんか

	〈無気音〉	〈有気音〉	〈鼻音〉	〈摩擦音〉	〈有声音〉
唇　音	b (o)	p (o)	m (o)	f (o)	
舌尖音	d (e)	t (e)	n (e)		l (e)
舌根音	g (e)	k (e)		h (e)	
舌面音	j (i)	q (i)		x (i)	
そり舌音	zh (i)	ch (i)		sh (i)	r (i)
舌歯音	z (i)	c (i)		s (i)	

具体的な名詞で声調パターンを練習しよう．

	-1	-2	-3	-4	-0
1-	Dōngjīng 东京	Zhōngguó 中国	Xiānggǎng 香港	Shēnzhèn 深圳	māma 妈妈
2-	Táiwān 台湾	Yúnnán 云南	Héběi 河北	Fújiàn 福建	yéye 爷爷
3-	Běijīng 北京	Měiguó 美国	Měnggǔ 蒙古	Wǔhàn 武汉	nǎinai 奶奶
4-	Sìchuān 四川	Guìlín 桂林	Rìběn 日本	Yìndù 印度	bàba 爸爸

云南＝雲南　　　　爷爷＝父方の祖父　　美国＝アメリカ　　蒙古＝モンゴル
武汉＝武漢　　　　奶奶＝父方の祖母　　印度＝インド　　　爸爸＝お父さん

🔊 37

POINT 6　隔音マーク［'］

多音節語で，次の音節が a，o，e ではじまる場合，前の音節との区切りとしてつける．

　Xī'ān（西安）　　　Tiān'ānmén（天安门）　　　jī'è（饥饿）

🔊 38

POINT 7　r 化

音節の末尾で舌をそり上げる．

	huàr	táor	chàng gēr	
①	画儿	桃儿	唱歌儿	（変化なし）

	wánr	guǎiwānr	yìdiǎnr	
②	玩儿	拐弯儿	一点儿	（-n 脱落）

	xiǎoháir	gàir	wèir	
③	小孩儿	盖儿	味儿	（複母音の -i 脱落）

	yǒu kòngr	xìnfēngr	diànyǐngr	
④	有空儿	信封儿	电影儿	（鼻音化）

練習問題

39

1 発音を聞いて声調記号をつけなさい.

(1) mama　(2) mama　(3) mama　(4) mama

(5) mama　(6) mama　(7) mama　(8) mama

40

2 発音を聞いて次の単語に声調記号をつけなさい.

(1) Zhongguo
中国

(2) Riben
日本

(3) Meiguo
美国

(4) Faguo
法国

(5) Beijing
北京

(6) Dongjing
东京

(7) Niuyue
纽约

(8) Bali
巴黎

(9) Aoyunhui
奥运会

41

3 発音を聞いて軽声,“不”と“一”の声調変化に注意して声調記号をつけなさい.

(1) meimei
(妹妹)

(2) jiejie
(姐姐)

(3) pengyou
(朋友)

(4) nimen
(你们)

(5) bu chi
(不吃)

(6) bu qu
(不去)

(7) bu lai
(不来)

(8) bu mai
(不买)

(9) yibai
(一百)

(10) yi ci
(一次)

(11) yi tian
(一天)

(12) yi nian
(一年)

(13) yiyue
(一月)

(14) tongyi
(统一)

(15) shiyi sui
(十一岁)

④ 発音を聞いて声調記号をつけなさい．それを漢字に直し，日本語の意味も書きなさい．

	漢字	意味

(1)　Ni hao.

(2)　Nimen hao.

(3)　Qingwen.

(4)　Xiexie.

(5)　Bu xie.

(6)　Zaijian.

なつかしい，近所の遊び友達

🔊 43

Nǐ hǎo.	你好。	こんにちは.（3声連続）
Nǐmen hǎo.	你们好。	みなさんこんにちは.
Nǐ zǎo.	你早。	お早う.（3声連続）
Nǐ lái le.	你来了。	いらっしゃい.
Qǐngwèn.	请问。	おうかがいしますが.
Xièxie.	谢谢。	ありがとう.
Bú xiè.	不谢。	どういたしまして.（bù 変調）
Bié kèqi.	别客气。	ご遠慮なく.
Duìbuqǐ.	对不起。	すみません.（duì は〈消える e〉）
Méi guānxi.	没关系。	なんでもありません.
Qǐng jìn.	请进。	どうぞお入りください.
Qǐng zuò.	请坐。	どうぞおかけください.
Qǐng hē chá.	请喝茶。	お茶をどうぞ.
Nǐ shēntǐ hǎo ma?	你身体好吗？	お元気ですか（3声連続あり）
Chīfàn le ma?	吃饭了吗？	食事はすみましたか.
Zàijiàn.	再见。	さようなら. （jian の a は i と n にはさまれて…）

中国語はわたしたちになじみの深い漢字で書き表されます.

しかし,まったく同じかというと,そうでもありません. ところどころ日本の漢字とは形が違います. これは簡体字（"簡体字"）と呼ばれ,簡略化された文字です. すっきり単純になり,読みやすく,書きやすく,覚えやすくなりまし

た. これは俗字や略字ではなく,中国語を表記する正式な字体です.

中国では1955年,漢字の改革,すなわち文字改革がすすめられ,異体字の整理や漢字の簡略化が行われました. その結果が,みなさんが今学んでいる簡体字による正書法なのです.

● 漢字簡略化の方式

(1) **もとの字形の一部を残す**

虫〔蟲〕　灭〔滅〕　亩〔畝〕　习〔習〕　丽〔麗〕

(2) **もとの字形の特徴や輪郭を残す**

飞〔飛〕　齐〔齊〕　夺〔奪〕　齿〔齒〕

(3) **草書体の楷書化**

书〔書〕　东〔東〕　长〔長〕　为〔爲〕　乐〔樂〕

(4) **複雑な偏旁を単純な符号化する**

师〔師〕　归〔歸〕　难〔難〕　邓〔鄧〕　观〔觀〕

(5) **同音の字で代替する**

丑〔醜〕　谷〔穀〕　迁〔遷〕　后〔後〕　出〔齣〕

(6) **会意文字の原理を利用する**

尘〔塵〕　泪〔涙〕　体〔體〕　灶〔竈〕

(7) **画数の少ない古字,旧体字を採用する**

尔〔爾〕　礼〔禮〕　云〔雲〕　电〔電〕

(8) **形声文字の原理を利用する**

肤〔膚〕　护〔護〕　惊〔驚〕　邮〔郵〕

スッキリしたね

學習	→	学习
身體	→	身体
開門	→	开门
烏龜	→	乌龟

● どこが違う？日中似たもの漢字

日本の漢字と中国の"簡体字"では,形のはっきり違う「書」と"书",「機」と"机"などのほかに,一見同じに見えるものや,よく似た形のものがあります.

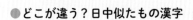：圧　団　差　浅　角　歩　骨　敢　免　収　牙　強　効　巻　鼻

：压　团　差　浅　角　步　骨　敢　免　收　牙　强　效　卷　鼻

基本情報

国家名称	中華人民共和国
建国年月	1949 年 10 月 1 日（10 月 1 日を国慶節という）
面　　積	約 960 万 km^2（世界第 3 位，日本の約26倍）
人　　口	約 13 億 7462 万人（2015 年現在，世界第 1 位）
社会体制	社会主義体制
国家主席	習近平（兼党総書記）
議　　会	全国人民代表大会
政　　府	首相：李克強（国務院総理），外相：王毅（外交部長）
行政区分	23 省（含む台湾），5 自治区，4 直轄市（北京・天津・上海・重慶），2 特別行政区（香港・マカオ）
首　　都	北京（約 800 年の歴史）
民　　族	漢民族（総人口の 92%），及び 55 の少数民族
公 用 語	中国語（普通話）
通　　貨	人民元：1 元＝約 16 円（2019 年現在）

国旗 guóqí（国旗）

国徽 guóhuī（国章）

中国全図

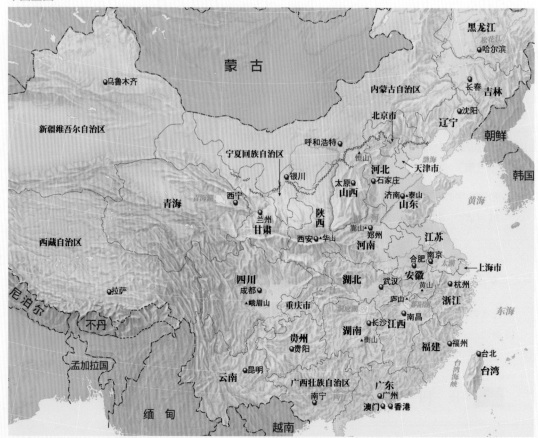

• KIKKAKE 24 •

本 編

Lesson 5

在校园(1) ●キャンパスで(1)

(( )) 44

KIKKAKE　前を歩いている学生が何か落としました.

A: もしもし、落とし物ですよ。*

B: 谢谢。
　　Xièxie.

A: 你 是 中国人？
　　Nǐ shì Zhōngguórén?

B: 对，我 是 留学生。
　　Duì, wǒ shì liúxuéshēng.

A: 我 在 学 汉语。
　　Wǒ zài xué Hànyǔ.

B: 那 交 个 朋友 吧。
　　Nà jiāo ge péngyou ba.

A: 请 多 关照。
　　Qǐng duō guānzhào.

(( )) 45

新出語句

❶ 校园 xiàoyuán 名 キャンパス
❷ 谢谢 xièxie 動 ありがとう
❸ 是 shì 動 ～である
❹ 中国人 Zhōngguórén 名 中国人
❺ 对 duì 形 正しい
❻ 留学生 liúxuéshēng 名 留学生
❼ 在 zài 副 ～している
❽ 学 xué 動 学ぶ、習う
❾ 汉语 Hànyǔ 名 中国語

❿ 那 nà 接 それなら
⓫ 交 jiāo 動 交際する、付き合う
⓬ 个 ge 量 ～人、～個(広く人、事物を数える)
⓭ 朋友 péngyou 名 友達
⓮ 吧 ba 助 ～ましょう、～しなさいよ、～でしょう
⓯ 请 qǐng 動 どうぞ～してください
⓰ 多 duō 形 多い、たくさんある
⓱ 关照 guānzhào 動 世話をする

36

Lesson 5

🤝 キャンパスで (1)

 POINT 1 人称代名詞

	単数	複数
一人称	我 wǒ （私）	我们 wǒmen （私たち） 咱们 zánmen （私たち）
二人称	你 nǐ （あなた） 您 nín （あなた）	你们 nǐmen （あなたたち）
三人称	他 tā （彼） 她 tā （彼女） 它 tā （それ）	他们 tāmen （彼ら） 她们 tāmen （彼女ら） 它们 tāmen （それら）

💬 "您"は"你"の丁寧語。

💬 "咱们"は聞き手も含めた「私たち」。

 POINT 2 動詞述語文

主語 + 動詞 + (目的語)　〈～は (～を) ～する〉SVO型

否定は動詞の前に"不"を置く。文末に"吗"を置くと「"吗"疑問文」になる。

我学英语。　　　　　　　Wǒ xué Yīngyǔ.

我不喝咖啡。　　　　　　Wǒ bù hē kāfēi.

你是日本人吗？　　　　　Nǐ shì Rìběnrén ma?

——对，我是日本人。　　Duì, wǒ shì Rìběnrén.

POINT 3 "吧"

1 推量を表す。　　〈～でしょう、ですよね〉

你是留学生吧？　　Nǐ shì liúxuéshēng ba?

2 勧誘を表す。　　〈～しましょう〉

我们交个朋友吧。　Wǒmen jiāo ge péngyou ba.

3 軽い命令を表す。〈～しなさいよ〉

你喝可乐吧。　　　Nǐ hē kělè ba.

（＊もしもし、落とし物ですよ。➡ 同学，你的东西掉了。Tóngxué, nǐ de dōngxi diào le.）

● 発音を聞いて、文を繰り返し、次に a、b に語句を置き換えて練習しなさい。

1. 我不是**中国人**，是日本人。
   Wǒ bú shì Zhōngguórén, shì Rìběnrén.

美国人 Měiguórén

韩国人 Hánguórén

2. 我们喝**咖啡**吧。
   Wǒmen hē kāfēi ba.

柠檬茶 níngméngchá

牛奶 niúnǎi

◁)) 48

語法ポイント&ドリルの新出単語

1. 英语 Yīngyǔ 〔名〕英語
2. 不 bù 〔副〕〜でない、〜しない
3. 喝 hē 〔動〕飲む
4. 咖啡 kāfēi 〔名〕コーヒー
5. 可乐 kělè 〔名〕コーラ
6. 日本人 Rìběnrén 〔名〕日本人
7. 吗 ma 〔助〕〜か
8. 美国人 Měiguórén 〔固〕アメリカ人
9. 韩国人 Hánguórén 〔固〕韓国人
10. 柠檬茶 níngméngchá 〔名〕レモンティー
11. 牛奶 niúnǎi 〔名〕牛乳

練習問題

① 次のピンインを簡体字に直しなさい。　　　　　　　　　　　　◁》) 49

　1. Wǒ shì Rìběnrén.　　　➡ ....

　2. Tā shì liúxuéshēng.　　➡ ....

　3. Jiāo ge péngyou ba.　　➡ ....

② 実際に基づき、次の質問にピンインで答えなさい。

　1. Nǐ shì Rìběnrén ma?　　　➡ ....

　2. Nǐ shì liúxuéshēng ma?　　➡ ....

　3. Nǐmen zài xué Hànyǔ ma?　➡ ....

③ 次の日本語を中国語に訳しなさい。（簡体字とピンインで）

　1. 私は中国人ではなく、日本人です。　簡体字 ....

　　　ピンイン ....

　2. 私たちは友達です。　簡体字 ....

　　　ピンイン ....

　3. 私たちは中国語を習っています。　簡体字 ....

　　　ピンイン ....

◁》) 50

GREATEST WORDS　名言コーナー

兴趣是最好的老师。　　——爱因斯坦

Xìngqù shì zuì hǎo de lǎoshī.　——Àiyīnsītǎn

興味は一番の先生です。　——アインシュタイン

Lesson 5

🤝 キャンパスで ⑴

在校园 (2) ●キャンパスで⑵

◁)) 51

KIKKAKE　続きで少し自己紹介を.

A: 你　几　年级？
Nǐ　jǐ　niánjí?

B: 我　一　年级。
Wǒ　yī　niánjí.

A: 我　也　一　年级。
Wǒ　yě　yī　niánjí.

你　叫　什么　名字？
Nǐ　jiào　shénme　míngzi?

B: 我　叫　丁　萌萌。
Wǒ　jiào　Dīng　Méngmeng.

你　呢？
Nǐ　ne?

A: 我　叫　山口　千惠。
Wǒ　jiào　Shānkǒu　Qiānhuì.

B: 今后　一起　学习　吧。
Jīnhòu　yìqǐ　xuéxí　ba.

A: 好，　一　言　为　定。
Hǎo,　yì　yán　wéi　dìng.

◁)) 52

新出語句

① 几 jǐ 〔数〕いくつ
② 年级 niánjí 〔名〕学年
③ 一 yī 〔数〕一
④ 也 yě 〔副〕～も
⑤ 叫 jiào 〔動〕～と呼ぶ、～と言う
⑥ 什么 shénme 〔代〕何、何の
⑦ 名字 míngzi 〔名〕名前
⑧ 呢 ne 〔助〕～は？
⑨ 今后 jīnhòu 〔名〕今後、これから
⑩ 一起 yìqǐ 〔副〕一緒に
⑪ 学习 xuéxí 〔動〕学ぶ、勉強する
⑫ 好 hǎo 〔形〕(応答に用いて同意・了承などを表す)
　　よろしい、よし
⑬ 一言为定 yì yán wéi dìng 〔成〕決めたら変えない、決まりね

Lesson 6

キャンパスで⑵

 POINT 1 名詞述語文

主語＋名詞（句）　〈～は～だ〉

名詞（曜日、年齢、金額など）が述語になる文。

今天星期六。　　　　　　　Jīntiān xīngqīliù.

我妹妹 15 岁。　　　　　　Wǒ mèimei shíwǔ suì.

否定は"不是"を名詞の前に置く。

我不是 18 岁，我 19 岁。
Wǒ bú shì shíbā suì, wǒ shíjiǔ suì.

POINT 2 名前の言い方と答え方

名字（姓）だけを尋ねるとき

您贵姓？　　　　　　　　　Nín guìxìng?

——我姓佐藤。　　　　　　Wǒ xìng Zuǒténg.

フルネームを尋ねるとき

你叫什么名字？　　　　　　Nǐ jiào shénme míngzi?

——我叫张爱玲。　　　　　Wǒ jiào Zhāng Àilíng.

POINT 3 "呢"疑問文

名詞・代名詞＋"呢"　〈～はどうですか〉

前の部分で述べていることと同様のことについて、省略して聞く。

我喝咖啡，你呢？　　　　　Wǒ hē kāfēi, nǐ ne?

——我喝红茶。　　　　　　Wǒ hē hóngchá.

上午学习，下午呢？　　　　Shàngwǔ xuéxí, xiàwǔ ne?

——下午打工。　　　　　　Xiàwǔ dǎgōng.

● 発音を聞いて、文を繰り返し、次に a、b に語句を置き換えて練習しなさい。

1. 她姓**王**，叫**王莉纱**。
   Tā xìng Wáng, jiào Wáng Lìshā.

周冬雨 Zhōu Dōngyǔ

石原里美 Shíyuán Lǐměi

2. 我妈妈是**家庭主妇**，你妈妈呢？
   Wǒ māma shì jiātíng zhǔfù, nǐ māma ne?

老师 lǎoshī

医生 yīshēng

🔊 **55**

語法ポイント＆ドリルの新出単語

① 今天 jīntiān ［名］今日
② 星期六 xīngqīliù ［名］土曜日
③ 妹妹 mèimei ［名］妹
④ 岁 suì ［名］〜歳
⑤ 贵姓 guìxìng ［名］お名前（姓を尋ねる）
⑥ 红茶 hóngchá ［名］紅茶
⑦ 上午 shàngwǔ ［名］午前

⑧ 下午 xiàwǔ ［名］午後
⑨ 打工 dǎgōng ［動］アルバイトをする
⑩ 妈妈 māma ［名］お母さん
⑪ 家庭主妇 jiātíng zhǔfù ［名］専業主婦
⑫ 老师 lǎoshī ［名］先生、教師
⑬ 医生 yīshēng ［名］医者

1 質問を聞き、実際に基づき、次の質問にピンインで答えなさい。　🔊 **56**

1. Nǐ jǐ niánjí?　➡ ....

2. Nǐ jiào shénme míngzi?　➡ ....

3. Jīntiān xīngqīyī ma?　➡ ....

2 1～100までの数字を覚えましょう。（二つの数字に挟まれた"十"は軽く読まれる）

一	二	三	四	五	六	七	八	九	十
yī	èr	sān	sì	wǔ	liù	qī	bā	jiǔ	shí

十一	十二	十三	十四	十五	十六	十七	十八	十九	二十
shíyī	shí'èr	shísān	shísì	shíwǔ	shíliù	shíqī	shíbā	shíjiǔ	èrshí

二十一	二十二	二十三	……	九十七	九十八	九十九	一百
èrshíyī	èrshí'èr	èrshísān	……	jiǔshíqī	jiǔshíbā	jiǔshíjiǔ	yìbǎi

3 次の日本語を中国語に訳しなさい。（簡体字とピンインで）

1. 私は一年生です。　[簡体字] ....

   [ピンイン] ....

2. お名前は何といいますか。　[簡体字] ....

   [ピンイン] ....

3. はい、決まりね。　[簡体字] ....

   [ピンイン] ....

🔊 **57**

GREATEST WORDS 名言コーナー

天生我材必有用。　——李白

Tiān shēng wǒ cái bì yǒuyòng.　——Lǐ Bái

天が私という才能を生み出したのは、
　　必ず役に立つところがあるからだ。　——李白

在学生食堂（1）●学食で（1）

🔊 58

KIKKAKE

学食は昼食をとる学生でいっぱい. 相席しないと、座れません. 中国語で喋っている二人のテーブルにはまだ席が空いているようです.

日 A： **这儿 有 人 吗？**
Zhèr yǒu rén ma?

中 B： **没 人。请 坐 吧。**
Méi rén. Qǐng zuò ba.

A： **谢谢。**
Xièxie.

请问 你们 是 北京人 吗？
Qǐngwèn nǐmen shì Běijīngrén ma?

B： **不，我 来自 青岛。**
Bù, wǒ láizì Qīngdǎo.

台 C： **我 从 台湾 来。**
Wǒ cóng Táiwān lái.

A： **是 青岛 啤酒 的 青岛 吗？**
Shì Qīngdǎo píjiǔ de Qīngdǎo ma?

B： **对，没 错！**
Duì, méi cuò!

🔊 59

新出語句

1. 有 yǒu 動 ある、いる
2. 人 rén 名 人
3. 没 méi 動 ない、持っていない
4. 坐 zuò 動 座る、乗る
5. 请问 qǐngwèn 動 伺う
6. 北京人 Běijīngrén 組 北京の人
7. 不 bù 副 （単独で用いて否定の回答となる）いいえ
8. 来自 láizì 動 ～から来る

9. 青岛 Qīngdǎo 固 青島（山東省）
10. 从 cóng 前 ～から
11. 台湾 Táiwān 固 台湾
12. 来 lái 動 来る
13. 的 de 助 ～の
14. 啤酒 píjiǔ 名 ビール
15. 没 错 méi cuò 組 間違いない. そのとおりである

POINT 1 指示代名詞と場所代名詞

指示代名詞	这 zhè (この、その。これ、それ)	那 nà (その、あの。あれ、それ)	哪 nǎ (どれ、どの)
	这个 zhège (zhèige) (この、その。これ、それ)	那个 nàge (nèige) (その、あの。あれ、それ)	哪个 nǎge (něige) (どれ、どの。どちら、どちらの)
場所代名詞	这儿 zhèr／这里 zhèli (ここ)	那儿 nàr／那里 nàli (そこ、あそこ)	哪儿 nǎr／哪里 nǎli (どこ) ▶▶▶ "哪里" nǎli は náli と読む

POINT 2 存在を表す "有" と "在"

場所＋"有"＋人・モノ　〈〜に…がいる。〜に…がある〉 否定は "没有"。

那儿没有人。　　　　Nàr méiyou rén.

哪儿有洗手间？　　　Nǎr yǒu xǐshǒujiān?

人・モノ＋"在"＋場所　〈…は〜にいる。…は〜にある〉 否定は "不在"。

王莉纱在教室里。　　Wáng Lìshā zài jiàoshì li.

我家不在东京。　　　Wǒ jiā bú zài Dōngjīng.

POINT 3 "的"

名詞・代名詞＋"的"＋名詞　〈〜の〉

这是我的课本。　　　Zhè shì wǒ de kèběn.

那是你的书包吗？　　Nà shì nǐ de shūbāo ma?

——那不是我的。　　Nà bú shì wǒ de.

次の場合、"的"を省略できる。

1 代名詞＋親族・所属・人間関係を表す名詞

我妈妈 wǒ māma　　我们大学 wǒmen dàxué　　我家 wǒ jiā　　我朋友 wǒ péngyou

2 国籍・言語などの熟語化した言葉

中国老师 Zhōngguó lǎoshī　　汉语词典 Hànyǔ cídiǎn　　日本历史 Rìběn lìshǐ

Drill
ドリル

🔊 **61**

● 発音を聞いて、文を繰り返し、次に a、b に語句を置き換えて練習しなさい。

1. 那不是我的**电脑**，是我哥哥的。
   Nà bú shì wǒ de diànnǎo, shì wǒ gēge de.

手机 shǒujī

铅笔 qiānbǐ

2. **洗手间**在哪儿？ ——在那儿。
   Xǐshǒujiān zài nǎr? —— Zài nàr.

图书馆 túshūguǎn

学生食堂 xuéshēng shítáng

🔊 **62**

語法ポイント&ドリルの新出単語

❶ 没有 méiyou 　動 ない、いない
❷ 洗手间 xǐshǒujiān 　名 お手洗い
❸ 在 zài 　動 ある、いる
❹ 教室 jiàoshì 　名 教室
❺ 里 li 　名 ～の中、～の内側
❻ 课本 kèběn 　名 教科書
❼ 书包 shūbāo 　名 鞄
❽ 大学 dàxué 　名 大学
❾ 家 jiā 　名 住まい、家
❿ 中国 Zhōngguó 　固 中国

⓫ 词典 cídiǎn 　名 辞書
⓬ 日本 Rìběn 　固 日本
⓭ 历史 lìshǐ 　名 歴史
⓮ 电脑 diànnǎo 　名 パソコン
⓯ 哥哥 gēge 　名 兄
⓰ 手机 shǒujī 　名 スマホ
⓱ 铅笔 qiānbǐ 　名 鉛筆
⓲ 图书馆 túshūguǎn 　名 図書館
⓳ 学生食堂 xuéshēng shítáng 　名 学食

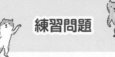 練習問題

☞ 学食で (1)

1 質問を聞き、本文に基づき、口頭で答えなさい。　🔊 **63**

1. B 和 C 是北京人吗？　➡ ....

2. C 从哪里来？　➡ ....

3. B 来自哪里？　➡ ....

2 実際に基づき次の質問にピンインで答えなさい。

1. Nǐmen dàxué zài nǎr?　➡ ....

2. Nǐ zài jiàoshì li ma?　➡ ....

3. Nǐ jiā zài Dōngjīng ma?　➡ ....

3 次の日本語を中国語に訳しなさい。（簡体字とピンインで）

1. ここは空いています。　簡体字 ....

   ピンイン ....

2. お手洗いはあそこです。　簡体字 ....

   ピンイン ....

3. 私たちはアメリカから来ました。　簡体字 ....

   ピンイン ....

🔊 **64**

GREATEST WORDS 名言コーナー

你只活一次。使它有意义。　——史蒂夫·乔布斯

Nǐ zhǐ huó yí cì. Shǐ tā yǒu yìyì.　——Shǐdìfū · Qiáobùsī

人は一度しか生きられない。有意義なものにしよう。
　　　　　　　　　　　　——スティーブ・ジョブズ

在学生食堂（2） ●学食で⑵

 ◁» 65

🤝 KIKKAKE 　三人でおしゃべりを始めました.

🗾 A： 　我　去过　台湾　的　高雄
　　　　Wǒ　qùguo　Táiwān　de　Gāoxióng

　　　　和　九份。
　　　　hé　Jiǔfèn.

🇹🇼 C： 　我　家　离　九份　很　近。
　　　　Wǒ　jiā　lí　Jiǔfèn　hěn　jìn.

　　A： 　真　的？
　　　　Zhēn　de?

🇨🇳 B： 　我　看过　台湾　电影。
　　　　Wǒ　kànguo　Táiwān　diànyǐng.

　　A： 　我　喜欢　九份　的"阿妹　茶楼"。
　　　　Wǒ　xǐhuan　Jiǔfèn　de　"Āmèi　Chálóu".

　　C： 　你们　一起　来　九份　玩儿　吧。
　　　　Nǐmen　yìqǐ　lái　Jiǔfèn　wánr　ba.

　　AB： 　太　好　了！
　　　　Tài　hǎo　le!

"九份"

◁» 66

📜 新出語句

① 去 qù ［動］行く
② 过 guo ［助］〜たことがある
③ 高雄 Gāoxióng ［固］地名
④ 和 hé ［接］〜と、および
⑤ 九份 Jiǔfèn ［固］地名
⑥ 离 lí ［前］〜から、〜まで
⑦ 很 hěn ［副］とても、大変
⑧ 近 jìn ［形］近い
⑨ 真 的 zhēn de ［組］本当に
⑩ 看 kàn ［動］見る、読む
⑪ 电影 diànyǐng ［名］映画
⑫ 喜欢 xǐhuan ［動］好きだ
⑬ 阿妹茶楼 Āmèi Chálóu ［固］阿妹茶楼
⑭ 玩儿 wánr ［動］遊ぶ
⑮ 太好了 tài hǎo le ［組］やった

POINT 1 経験の"过"

動詞＋"过" 〈～したことがある〉

否定形は動詞の前に"没（有）"を置く。

我哥哥去过台湾。 　　Wǒ gēge qùguo Táiwān.

我没吃过北京烤鸭。 　　Wǒ méi chīguo Běijīng kǎoyā.

POINT 2 前置詞"离"

"离"〈～から、～まで〉はふたつの地点の隔たりを表す。

A＋"离"＋B＋"远/近" 〈A は B から遠い／近い〉

我们大学离车站很近。 　　Wǒmen dàxué lí chēzhàn hěn jìn.

超市离我家不远。 　　Chāoshì lí wǒ jiā bù yuǎn.

否定は形容詞の前に"不"を置く。

○ 我们大学离车站不近。 　　× 我们大学不离车站很近。

POINT 3 連動文

主語＋動詞（句）＋動詞（句）

一つの主語に二つ以上の動詞句を持つ文を「連動文」という。

「連動文」は動作の行われる順に動詞を並べる。

我去便利店买盒饭。 　　Wǒ qù biànlìdiàn mǎi héfàn.

他用手机看动画。 　　Tā yòng shǒujī kàn dònghuà.

台湾の"日月潭"Rìyuètán

Drill
ドリル

● 発音を聞いて、文を繰り返し、次にa、bに語句を置き換えて練習しなさい。

1. 我去过**北京**。
   Wǒ qùguo Běijīng.

纽约 Niǔyuē

首尔 Shǒu'ěr

2. 我喜欢**星巴克**。
   Wǒ xǐhuan Xīngbākè.

麦当劳 Màidāngláo

肯德基 Kěndéjī

🔊 **69**

語法ポイント＆ドリルの新出単語

① 吃 chī 　動 食べる
② 没 méi 　副 ～しなかった、（まだ）～していない
③ 北京烤鸭 Běijīng kǎoyā 　名 北京ダック
④ 车站 chēzhàn 　名 駅
⑤ 超市 chāoshì 　名 スーパー
⑥ 远 yuǎn 　形 遠い
⑦ 便利店 biànlìdiàn 　名 コンビニ
⑧ 买 mǎi 　動 買う
⑨ 盒饭 héfàn 　名 弁当

⑩ 用 yòng 　動 用いる、使う
⑪ 动画 dònghuà 　名 動画
⑫ 北京 Běijīng 　固 北京
⑬ 纽约 Niǔyuē 　固 ニューヨーク
⑭ 首尔 Shǒu'ěr 　固 ソウル
⑮ 星巴克 Xīngbākè 　固 スターバックス
⑯ 麦当劳 Màidāngláo 　固 マクドナルド
⑰ 肯德基 Kěndéjī 　固 ケンタッキー

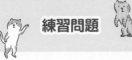 練習問題

① 質問を聞き、本文に基づき、口頭で答えなさい。　🔊 **70**

1. 日本人Ａ去过台湾吗？　➡ ....

2. 台湾人Ｃ的家离哪儿很近？➡ ....

3. 青岛人Ｂ看过什么电影？　➡ ....

② 実際に基づき次の質問にピンインで答えなさい。

1. Nǐ qùguo Táiwān ma?　➡ ....

2. Nǐ jiā lí chēzhàn yuǎn ma?　➡ ....

3. Nǐ xǐhuan Hànyǔ ma?　➡ ....

③ 日本語の意味に合うよう、語句を並べ替えなさい。

1. 我 / 汉语 / 学 / 大学 / 来 / 。　　（私は中国語を学びに大学に来る）

....

2. 他 / 超市 / 盒饭 / 买 / 去 / 。　　（彼はスーパーへ弁当を買いに行く）

....

3. 我们 / 美国 / 玩儿 / 去 / 吧 / 。　　（私たちアメリカへ遊びに行こう）

....

🔊 **71**

GREATEST WORDS 名言コーナー

不可能的意思就是"不，可能"。 ——奥黛丽·赫本

Bù kěnéng de yìsi jiù shì "bù, kěnéng". ——Àodàilì·Hèběn

不可能の意味は「いいえ、可能だ」。 ——オードリー・ヘップバーン

Lesson **8**

学食で(2)

在浅草⑴ ●浅草で⑴

◁)) 72

KIKKAKE 外国からの観光客で賑わう浅草. 可愛い女の子連れの中国人グループを発見.
女の子に声をかけてみます.

A: 这　小姑娘　真　可爱。
Zhèi　xiǎogūniang　zhēn　kě'ài.

B: 谢谢。　问　姐姐　好。
Xièxie.　Wèn　jiějie　hǎo.

C: 姐姐　好！
Jiějie　hǎo!

A: 小朋友　好！你　几　岁？
Xiǎopéngyǒu　hǎo!　Nǐ　jǐ　suì?

C: 我　五　岁。
Wǒ　wǔ　suì.

A: 第　一　次　来　日本　吗？
Dì　yī　cì　lái　Rìběn　ma?

B: 不，　我们　每年　都　来。
Bù,　wǒmen　měinián　dōu　lái.

◁)) 73

新出語句

1 浅草 Qiǎncǎo 固 浅草

2 小姑娘 xiǎogūniang 名 娘、少女、お嬢さん

3 真 zhēn 副 本当に

4 可爱 kě'ài 形 可愛い

5 问…好 wèn…hǎo 動 ご機嫌を伺う

6 姐姐 jiějie 名 姉、お姉さん

7 小朋友 xiǎopéngyǒu 名（子供に対する呼称）
坊や、お嬢ちゃん

8 第一次 dì yī cì 組 第1回、最初、初めて

9 每年 měinián 名 毎年

10 都 dōu 副 すべて、みな

語法ポイント 🔊 74

POINT 1 形容詞述語文

主語＋(副詞)＋形容詞

肯定文は普通、程度を表す副詞"很""真""非常"などを伴う。"很"は強く発音しなければ、〈とても〉の意味がない。形容詞の否定は"不"による。

昨天很冷。	Zuótiān hěn lěng.
你们校园真漂亮。	Nǐmen xiàoyuán zhēn piàoliang.
你最近忙吗？	Nǐ zuìjìn máng ma?
——我不太忙。	Wǒ bú tài máng.

形容詞が単独の場合は、普通比較、対照の意味を表す。

昨天冷，今天热。	Zuótiān lěng, jīntiān rè.
这个便宜，那个贵。	Zhège piányi, nàge guì.

POINT 2 年齢の尋ね方

"几岁"は10歳未満の子供に、"多大"は若者や、同年代の人に、"多大年纪""多大岁数"は年上やお年寄りに用いる。

你儿子几岁？	Nǐ érzi jǐ suì?	——他两岁。	Tā liǎng suì.
你今年多大？	Nǐ jīnnián duō dà?	——我十九岁。	Wǒ shíjiǔ suì.
你姥姥多大年纪？	Nǐ lǎolao duō dà niánjì?		

POINT 3 "都 / 也"

"都"〈みな〉"也"〈～も〉は副詞であり、ともに述語の前に置く。

我们都有手机。	Wǒmen dōu yǒu shǒujī.
她妹妹也很漂亮。	Tā mèimei yě hěn piàoliang.

"都"と"也"を一緒に用いる場合は"也都"〈～もみな〉の順になる。

他们也都学汉语。	Tāmen yě dōu xué Hànyǔ.

●発音を聞いて、文を繰り返し、次に a、b に語句を置き換えて練習しなさい。

1. 今天很**凉快**。
   Jīntiān hěn liángkuai.

热 rè

冷 lěng

2. **我今年十八岁**。
   Wǒ jīnnián shíbā suì.

妹妹 / 十七岁
Mèimei / shíqī suì

林志玲 / 四十四岁
Lín Zhìlíng / sìshísì suì

🔊 76

 語法ポイント & ドリルの新出単語

① 非常 fēicháng 副 非常に
② 昨天 zuótiān 名 昨日
③ 冷 lěng 形 寒い
④ 漂亮 piàoliang 形 きれいだ
⑤ 最近 zuìjìn 名 最近、近頃
⑥ 忙 máng 形 忙しい
⑦ 不太 bú tài 組 あまり~ない
⑧ 热 rè 形 暑い
⑨ 便宜 piányi 形 安い

⑩ 贵 guì 形 (値段が) 高い
⑪ 儿子 érzi 名 息子
⑫ 两 liǎng 数 2、二つ
⑬ 今年 jīnnián 名 今年
⑭ 多大 duō dà 組 何歳か
⑮ 姥姥 lǎolao 名 (母方の) おばあさん
⑯ 年纪 niánjì 名 年齢、年
⑰ 岁数 suìshu 名 年齢、年

 練習問題

① 質問を聞き、本文に基づき、口頭で答えなさい。　　　　　　　　　　🔊 **77**

1. 小姑娘可爱吗？　　　　➡ ....

2. 小姑娘几岁？　　　　　➡ ....

3. 她们是第一次来日本吗？　➡ ....

② 実際に基づき次の質問にピンインで答えなさい。

1. Nǐ jīnnián duō dà?　　　　➡ ....

2. Nǐ zuìjìn máng ma?　　　　➡ ....

3. Nǐmen xiàoyuán piàoliang ma?　➡ ....

③ 次の日本語を中国語に訳しなさい。（簡体字とピンインで）

1. 今日は寒いです。　　　[簡体字] ....

   [ピンイン] ....

2. 私たちのキャンパスはきれいです。　[簡体字] ....

   [ピンイン] ....

3. 私たちははじめて中国に行きます。　[簡体字] ....

   [ピンイン] ....

🔊 **78**

GREATEST WORDS 名言コーナー

恋爱的最佳年龄大概在十六岁到二十一岁之间。
　　　　　　　　　　　　　　　——村上 春树

Liàn'ài de zuìjiā niánlíng dàgài zài shíliù suì dào èrshíyī suì zhījiān.
　　　　　　　　　　　　　　　——Cūnshàng Chūnshù

恋愛の最もいい年ごろは、16歳から21歳までだ。　——村上春樹

在浅草⑵ ●浅草で⑵

🤝 **KIKKAKE** 写真を撮ろうとしている中国人の二人組.
手を貸してあげましょう.

A: 我 帮 你们 照 吧。
　　Wǒ bāng nǐmen zhào ba.

B: 谢谢。 按 这儿。
　　Xièxie. Àn zhèr.

A: 照 半身 还是 全身？
　　Zhào bànshēn háishi quánshēn?

B: 都 行。
　　Dōu xíng.

A: 笑 一 笑，"茄～子"。
　　Xiào yi xiào, "qié ～ zi".

B: 我 看看。
　　Wǒ kànkan.

　　我 闭 眼 了，再 照 一 张。
　　Wǒ bì yǎn le, zài zhào yì zhāng.

A: 没 问题！
　　Méi wèntí!

🔊 **80**

🚩 **新出語句**

① 帮 bāng 動 手伝う
② 照 zhào 動 (写真を) 撮る
③ 按 àn 動 押す
④ 半身 bànshēn 名 (写真で) 上半身
⑤ 还是 háishi 接 それとも
⑥ 全身 quánshēn 名 全身
⑦ 行 xíng 形 よろしい
⑧ 笑 xiào 動 笑う

⑨ 茄子 qiézi 名 ナス
⑩ 闭 bì 動 閉じる
⑪ 眼 yǎn 名 目
⑫ 了 le 助 ～になった、～た
⑬ 再 zài 副 再び、更に、もっと
⑭ 张 zhāng 量 枚
⑮ 问题 wèntí 名 問題

語法ポイント

1　選択疑問文

A ＋ "还是" ＋ B　　〈A それとも B〉

A と B のどちらを選ぶかをたずねる。文末に "吗" を付けない。

你喝水还是喝果汁儿？　Nǐ hē shuǐ háishi hē guǒzhīr?

——我喝果汁儿。　　　Wǒ hē guǒzhīr.

她是医生还是护士？　Tā shì yīshēng háishi hùshi?

2　動詞の重ね型

動詞を重ねて〈ちょっと〜する〉の意味を表す。

你试试。　　　　　　Nǐ shìshi.

我们休息休息吧。　　Wǒmen xiūxixiuxi ba.

一音節の重ね型は、間に "一" に入れてもよい。二音節は不可。

○ 试一试。　　×休息一休息

3　文末の "了"

文末の "了" は状況の変化や新しい事態の出現を表す。〈〜になった。〜した〉

你瘦了。　　　　　　Nǐ shòu le.

我换新手机了。　　　Wǒ huàn xīn shǒujī le.

今天你照相了吗？　　Jīntiān nǐ zhàoxiàng le ma?

——我还没照相。　　Wǒ hái méi zhàoxiàng.

"自拍" zìpāi

Lesson 10　浅草で (2)

●発音を聞いて、文を繰り返し、次に a、b に語句を置き換えて練習しなさい。

1. 你喝咖啡还是喝**柠檬茶**？ ——我喝**柠檬茶**。
   Nǐ hē kāfēi háishi hē níngméngchá? —— Wǒ hē níngméngchá.

红茶 hóngchá

果汁儿 guǒzhīr

2. 你今天吃**早饭**了吗？ ——我吃了。
   Nǐ jīntiān chī zǎofàn le ma? —— Wǒ chī le.

饺子 jiǎozi

拉面 lāmiàn

語法ポイント&ドリルの新出単語

❶ 水 shuǐ ［名］水

❷ 果汁儿 guǒzhīr ［名］果汁

❸ 护士 hùshi ［名］看護師

❹ 试 shì ［動］試す

❺ 休息 xiūxi ［動］休む

❻ 瘦 shòu ［形］痩せている

❼ 换 huàn ［動］交換する、換える

❽ 新 xīn ［形］新しい

❾ 照相 zhàoxiàng ［動］写真を撮る

❿ 还 hái ［副］まだ、依然として

⓫ 没 méi ［副］～なかった、（まだ）～していない
　　　（行為・状態の発生を否定する）

⓬ 早饭 zǎofàn ［名］朝ご飯

⓭ 饺子 jiǎozi ［名］餃子

⓮ 拉面 lāmiàn ［名］ラーメン

練習問題

① 質問を聞き、口頭で答えなさい。 🔊 84

1. 你是日本人还是韩国人？ ➡ ....

2. 你一年级还是二年级？ ➡ ....

3. 你今年18岁还是19岁？ ➡ ....

② 実際に基づき次の質問にピンインで答えなさい。

1. Nǐ qùguo Qiǎncǎo ma? ➡ ....

2. Nǐ xǐhuan zhàoxiàng ma? ➡ ....

3. Nǐ zuótiān chī zǎofàn le ma? ➡ ....

③ 次の日本語を中国語に訳しなさい。（簡体字とピンインで）

1. あなたはコーヒーを飲みますか、それとも紅茶を飲みますか。

   簡体字 ....

   ピンイン ....

2. 君たち、ちょっと休みなさい。 簡体字 ....

   ピンイン ....

3. 私は新しいスマホを買いました。 簡体字 ....

   ピンイン ....

🔊 85

GREATEST WORDS 名言コーナー

生存还是毁灭，这是个问题。 ——莎士比亚

Shēngcún háishi huǐmiè, zhè shì ge wèntí. ——Shāshìbǐyà

生きるか死ぬか、それが問題だ。 ——シェイクスピア

在便利店 ●コンビニで

🔊 86

 KIKKAKE よく通うコンビニ．名札にワンと
書いてあるバイトの学生がいました．

A: 你 是 中国人 吧？
Nǐ shì Zhōngguórén ba?

B: 对，我 姓 王，来自 大连。
Duì, wǒ xìng Wáng, láizì Dàlián.

A: 大连 我 去过。
Dàlián wǒ qùguo.

海鲜 很 好吃，风景 也 很 美。
Hǎixiān hěn hǎochī, fēngjǐng yě hěn měi.

B: 你 学了 多 长 时间 汉语 了？
Nǐ xuéle duō cháng shíjiān Hànyǔ le?

A: 我 学了 半 年 汉语 了。 很 喜欢。
Wǒ xuéle bàn nián Hànyǔ le. Hěn xǐhuan.

B: 你 打算 去 中国 留学 吗？
Nǐ dǎsuàn qù Zhōngguó liúxué ma?

A: 啊？! 已经 五 点 了?! 我 得 去 打工 了。
Á?! Yǐjīng wǔ diǎn le?! Wǒ děi qù dǎgōng le.

🔊 87

新出語句

1 大连 Dàlián 固 大連
2 海鲜 hǎixiān 名 新鮮な海産物、海の幸
3 好吃 hǎochī 形 おいしい
4 风景 fēngjǐng 名 景色
5 美 měi 形 美しい
6 了 le 助 ～した（動詞の後に置き、動作の完了を表す）
7 多 duō 副 どのくらい、どれほど
8 长 cháng 形 長い
9 时间 shíjiān 名 時間

10 半年 bàn nián 組 半年
11 打算 dǎsuàn 動 ～するつもり
12 留学 liúxué 動 留学する
13 啊 á 感 （意外・当惑・疑いを表す）
ええっ、えっ
14 已经 yǐjīng 副 すでに
15 得 děi 助動 ～しなければならない、
～する必要がある

POINT 1　動詞の後の"了"

動詞＋"了"＋修飾語がつく目的語　〈～した〉

動作の実現や完了を表す。目的語にはよく「数詞＋量詞」などの修飾語がつく。
否定は動詞の前に"没（有）"を置き、"了"と「数詞＋量詞」をとる。

他买了两本书。	Tā mǎile liǎng běn shū.
我喝了一杯咖啡。	Wǒ hēle yì bēi kāfēi.
我没喝咖啡。	Wǒ méi hē kāfēi.

POINT 2　時点（時刻）と時量（時間の長さ）

现在几点？　　Xiànzài jǐ diǎn?

一点（零）五分	yì diǎn (líng) wǔ fēn	两点一刻	liǎng diǎn yí kè
三点半	sān diǎn bàn	差五分八点	chà wǔ fēn bā diǎn

你学了多长时间？　　Nǐ xuéle duō cháng shíjiān?

两分钟	liǎng fēnzhōng	（2分間）	一刻钟	yí kè zhōng	（15分間）
半个小时	bàn ge xiǎoshí	（30分間）	两个小时	liǎng ge xiǎoshí	（2時間）
三个星期	sān ge xīngqī	（3週間）	四个月	sì ge yuè	（4か月間）
五天	wǔ tiān	（5日間）	六年	liù nián	（6年間）

POINT 3　時量補語

動詞（＋"了"）＋時量補語（＋目的語）　〈どれくらい（～）する（／した）〉

動作や状態の継続時間を表す。

　　我学了六年英语。　　　　　　Wǒ xuéle liù nián Yīngyǔ.

時点（時刻など）は動詞の前に置くが、時量（時間の長さ）は動詞の後に置く。

　　我五点去打工，打五个小时。　Wǒ wǔ diǎn qù dǎgōng, dǎ wǔ ge xiǎoshí.

目的語は時量補語の後に置く。

　　我每天看一个半小时电视。　　Wǒ měitiān kàn yí ge bàn xiǎoshí diànshì

◁)) 89

● 発音を聞いて、文を繰り返し、次に a、b に語句を置き換えて練習しなさい。

1. 我买了两本**参考书**。
   Wǒ mǎile liǎng běn cānkǎoshū.

杂志 zázhì

词典 cídiǎn

2. 我每天学半个小时**汉语**。
   Wǒ měitiān xué bàn ge xiǎoshí Hànyǔ.

英语 Yīngyǔ

韩语 Hányǔ

◁)) 90

語法ポイント ＆ ドリルの新出単語

① 杯 bēi 量杯

② 本 běn 量冊

③ 书 shū 名本

④ 现在 xiànzài 名今、现在

⑤ 〜点 diǎn 量〜時

⑥ 零 líng 数ゼロ

⑦ 〜分 fēn 量〜分

⑧ 刻 kè 量15分

⑨ 半 bàn 数半、半分

⑩ 差 chà 動足りない

⑪ 每天 měitiān 名毎日

⑫ 电视 diànshì 名テレビ

⑬ 参考书 cānkǎoshū 名参考書

⑭ 杂志 zázhì 名雑誌

⑮ 韩语 Hányǔ 固韓国語

練習問題

コンビニで

① 質問を聞き、本文に基づき、口頭で答えなさい。　◁)) **91**

1. B 是日本人还是中国人？　➡ ....

2. A 学了多长时间汉语了？　➡ ....

3. A 喜欢学汉语吗？　➡ ....

② 実際に基づき次の質問にピンインで答えなさい。

1. Nǐ qùguo Dàlián ma?　➡ ....

2. Nǐ xǐhuan chī hǎixiān ma?　➡ ....

3. Nǐ jīntiān qù dǎgōng ma?　➡ ....

③ 次の日本語を中国語に訳しなさい。（簡体字とピンインで）

1. 彼女は留学するつもりですか。　　簡体字 ....

　　ピンイン ....

2. あなたは毎日テレビを見ますか。　　簡体字 ....

　　ピンイン ....

3. 私は中国語を勉強して三か月になります。　簡体字 ....

　　ピンイン ....

◁)) **92**

GREATEST WORDS 名言コーナー

人生不如意之事十有八九。
常想一二，不思八九，事事如意。 ——林 清玄

Rénshēng bù rúyì zhī shì shí yǒu bā jiǔ.
Cháng xiǎng yī èr, bù sī bā jiǔ, shìshì rúyì. ——Lín Qīngxuán

人生はうまくいかないことが、十中八九だ。
残りの一、二を常に思い出し、八、九を忘れたら、何事もうまくいくだろう。 ——林 清玄

在咖啡馆 ●喫茶店で

KIKKAKE 中国人二人には、ある日本語の説明文の
意味が分からないようです.

A: 需要 帮忙 吗?
Xūyào bāngmáng ma?

B: 这 句 话 是 什么 意思?
Zhè jù huà shì shénme yìsi?

A: 让 我 看看。
Ràng wǒ kànkan. （通訳して教えてあげる）

C: 哦，原来 是 这个 意思。
Ò, yuánlái shì zhège yìsi.

A: 你们 是 来 旅游 的 吗?
Nǐmen shì lái lǚyóu de ma?

B: 这 次 主要 是 来 购物。
Zhè cì zhǔyào shì lái gòuwù.

C: 日本 东西 太 便宜 了。
Rìběn dōngxi tài piányi le.

◁)) 94

新出語句

① 咖啡馆 kāfēiguǎn 【名】喫茶店
② 需要 xūyào 【動】必要とする
③ 帮忙 bāngmáng 【動】手伝う、手助けする
④ 句 jù 【量】〜句（言葉や文を数える）
⑤ 话 huà 【名】話、言葉
⑥ 意思 yìsi 【名】意味
⑦ 让 ràng 【動】〜に…させる
⑧ 哦 ò 【感】ははあ、なるほど
⑨ 原来 yuánlái 【副】なんだ（…だったのか）
⑩ 旅游 lǚyóu 【動】観光する
⑪ 次 cì 【量】〜回
⑫ 主要 zhǔyào 【形】主要な、主な
⑬ 购物 gòuwù 【動】買い物をする
⑭ 东西 dōngxi 【名】物、品物
⑮ 太〜了 tài~le 【組】極めて〜だ、あまりにも〜だ

POINT 1 疑問詞疑問文

尋ねたいところに疑問詞を置く。

她是老师。 Tā shì lǎoshī. ➡ 她是谁？ Tā shì shéi?

李老师 12 点来。 Lǐ lǎoshī shí'èr diǎn lái.

➡ 李老师什么时候来？ Lǐ lǎoshī shénme shíhou lái?

你家在哪儿？　　Nǐ jiā zài nǎr?

你要哪个？　　　Nǐ yào něige?

POINT 2 "是…的"構文

("是"＋) 取り立て要素 ＋ 動詞 ＋"的"（＋目的語）　〈～したのだ〉

すでに行われたことについて、時間、場所、手段、動作主などの要素を取り立て強調するときに使う。"是"は省略できる。

你（是）什么时候来的？　　　Nǐ (shì) shénme shíhou lái de?

否定は"不是"。"是"の省略はできない。

我不是坐电车来的。　　　Wǒ bú shì zuò diànchē lái de.

動詞が目的語を伴う場合、その目的語を"的"の後ろに置くことができる。

你（是）在哪儿学的汉语？　　Nǐ (shì) zài nǎr xué de Hànyǔ?

——我（是）在大学学的汉语。　Wǒ (shì) zài dàxué xué de Hànyǔ.

POINT 3 使役文 ——"让"

主語＋"让"＋人＋動詞　〈～（人）に…させる〉

你让我去吧。　　　Nǐ ràng wǒ qù ba.

否定辞は"让"の前に置く。

弟弟不让我写作业。　Dìdi bú ràng wǒ xiě zuòyè.

我没让你失望吧。　Wǒ méi ràng nǐ shīwàng ba.

● 発音を聞いて、文を繰り返し、次に a、b に語句を置き換えて練習しなさい。

1. 我们是来**旅游**的。
   Wǒmen shì lái lǚyóu de.

观光 guānguāng

留学 liúxué

2. 他是什么时候**回老家**的？—— 去年。
   Tā shì shénme shíhou huí lǎojiā de?　—— Qùnián.

毕业 bìyè

结婚 jiéhūn

語法ポイント&ドリルの新出単語

❶ 谁 shéi　代 誰

❷ 什么时候 shénme shíhou　組 いつ

❸ 要 yào　動 要る、欲しい

❹ 电车 diànchē　名 電車

❺ 弟弟 dìdi　名 弟

❻ 写 xiě　動 書く

❼ 作业 zuòyè　名 宿題

❽ 失望 shīwàng　動 失望する

❾ 观光 guānguāng　動 観光する

❿ 回 huí　動 戻る、帰る

⓫ 老家 lǎojiā　名 故郷、ふるさと

⓬ 去年 qùnián　名 去年

⓭ 毕业 bìyè　動 卒業する

⓮ 结婚 jiéhūn　動 結婚する

練習問題

1 質問を聞き、本文に基づき、口頭で答えなさい。　　　🔊 98

1. B 和 C 是来日本旅游的吗？➡ ....

2. B 和 C 是来日本购物的吗？➡ ....

3. 日本的东西便宜吗？　　　➡ ....

2 実際に基づき次の質問にピンインで答えなさい。

1. Nǐ shì shénme shíhou lái dàxué de? ➡ ....

2. Nǐ shì zuò diànchē lái de ma? ➡ ....

3. Nǐ zuótiān shì zài nǎr chī de wǔfàn? ➡ ....

3 次の日本語を中国語に訳しなさい。（簡体字とピンインで）

1. 彼女は去年、留学に行ったのです。 簡体字 ....

   ピンイン ....

2. 今日私は電車で来たのです。 簡体字 ....

   ピンイン ....

3. この字はどういう意味ですか。 簡体字 ....

   ピンイン ....

🔊 99

GREATEST WORDS 名言コーナー

没人是完全自由的，
即使是鸟儿，也有天空的约束。
　　　　　　　——鲍勃·迪伦

Méi rén shì wánquán zìyóu de,
Jíshǐ shì niǎo'ér, yě yǒu tiānkōng de yuēshù.　　　Bàobó · Dílún

自由なものなど何もない。鳥さえも空につながれている。　——ボブ・ディラン

Lesson **12**　🤝　喫茶店で

在电器店 ●電気店で

KIKKAKE ▷ 買い物をしている中国人．中国へ郵送できるかどうかを知りたいようです．

A: 需要 帮忙 吗？
Xūyào bāngmáng ma?

B: 我 想 买 几 个
Wǒ xiǎng mǎi jǐ ge

电饭煲，能 邮寄 吗？
diànfànbāo, néng yóujì ma?

A: 我 去 问问。
Wǒ qù wènwen.

B: 怎么样？
Zěnmeyàng?

A: 店员 说 可以。
Diànyuán shuō kěyǐ.

B: 那 我 再 买 两 台 电脑。
Nà wǒ zài mǎi liǎng tái diànnǎo.

A: 好 的，您 慢慢儿 挑 吧。
Hǎo de, nín mànmānr tiāo ba.

🔊 101

新出語句

1 电器店 diànqìdiàn 名 電気店
2 想 xiǎng 助動 〜したい
3 电饭煲 diànfànbāo 名 炊飯器
4 能 néng 助動 できる
5 邮寄 yóujì 動 郵送する
6 问 wèn 動 聞く、尋ねる
7 怎么样 zěnmeyàng 代 どうですか
8 店员 diànyuán 名 店員
9 说 shuō 動 言う、話す
10 可以 kěyǐ 助動 〜してもいい、できる
11 台 tái 量 〜台
12 好的 hǎo de 組 よろしい、いいですとも
13 慢慢儿 mànmānr 副 ゆっくりと
14 挑 tiāo 動 選ぶ

POINT 1 助動詞 "想"

"想"＋動詞（句） 〈～したい〉

"想"は動詞の前に置き、願望を表す。
否定は "想" の前に "不" を置く。

她想去留学。　　Tā xiǎng qù liúxué.

我不想做运动。　Wǒ bù xiǎng zuò yùndòng.

POINT 2 助動詞 "能 / 可以"

"能 / 可以"＋動詞（句） 〈(条件を備えていて / 許可を得ていて)～できる / ～してよい〉

"能" は可能を表し、"可以" は許可を表す。
否定は "不能" / "不可以"。"不可以" には禁止のニュアンスがある。

我能试试吗？　　　　　　Wǒ néng shìshi ma?

——对不起，现在不能。　Duìbuqǐ, xiànzài bù néng.

这儿可以照相吗？　　　　Zhèr kěyǐ zhàoxiàng ma?

——不可以。　　　　　　Bù kěyǐ.

POINT 3 量詞

名詞を数えるときには **数詞＋量詞＋名詞** の語順。

一个苹果 yí ge píngguǒ　　　　两件衣服 liǎng jiàn yīfu

三台电脑 sān tái diànnǎo　　　四张桌子 sì zhāng zhuōzi

五本词典 wǔ běn cídiǎn　　　　六把雨伞 liù bǎ yǔsǎn

〈この～、あの～〉と言う時には **指示詞＋数詞＋量詞＋名詞** の語順。

数詞が "一" の場合はよく省略される。

这两双鞋　　　zhè liǎng shuāng xié

那（一）本书　nà (yì) běn shū

● 発音を聞いて、文を繰り返し、次に a、b に語句を置き換えて練習しなさい。

1. 我想**去旅游**。
   Wǒ xiǎng qù lǚyóu.

看电影 kàn diànyǐng

玩儿游戏 wánr yóuxì

2. 电器店里可以**抽烟**吗？—— 可以。/ 不可以。
   Diànqìdiàn li kěyǐ chōuyān ma? —— Kěyǐ. / Bù kěyǐ.

喝饮料 hē yǐnliào

玩儿手机 wánr shǒujī

語法ポイント & ドリルの新出単語

① 做 zuò 　動 する、やる

② 运动 yùndòng 　名 動 運動（する）

③ 对不起 duìbuqǐ 　動 申し訳ない

④ 苹果 píngguǒ 　名 リンゴ

⑤ 件 jiàn 　量 ～着、～枚など

⑥ 衣服 yīfu 　名 衣服

⑦ 张 zhāng 　量 ～枚

⑧ 桌子 zhuōzi 　名 テーブル、机

⑨ 词典 cídiǎn 　名 辞書

⑩ 把 bǎ 　量 ～本（柄のあるものを数える）

⑪ 雨伞 yǔsǎn 　名 雨傘

⑫ 双 shuāng 　量 ～足、～組（左右対称の身体部位や組になっているものを数える）

⑬ 鞋 xié 　名 靴

⑭ 游戏 yóuxì 　名 ゲーム

⑮ 抽烟 chōuyān 　動 煙草を吸う

⑯ 饮料 yǐnliào 　名 飲み物

練習問題

1 質問を聞き、本文に基づき、口頭で答えなさい。　　🔊 **105**

1. B 想买什么？ ➡ ....

2. B 还想买什么？ ➡ ....

3. 电饭煲可以邮寄吗？ ➡ ....

2 実際に基づき、次の質問にピンインで答えなさい。

1. Nǐ xiǎng qù lǚyóu ma? ➡ ....

2. Jiàoshì li kěyǐ hē yǐnliào ma? ➡ ....

3. Xiànzài nǐ xiǎng zuò shénme? ➡ ....

3 次の日本語を中国語に訳しなさい。（簡体字とピンインで）

1. 君は留学に行きたいですか。　簡体字 ....

　　ピンイン ....

2. ここは写真を撮っても構いません。　簡体字 ....

　　ピンイン ....

3. 田中さんはリンゴが食べたい。　簡体字 ....

　　ピンイン ....

🔊 **106**

GREATEST WORDS 名言コーナー

人过的日子必是一日遇佛，一日遇魔。

——贾 平凹

Rén guò de rìzi bì shì yí rì yù fó, yí rì yù mó.　　——Jiǎ Píngwā

人生というものは必ず、一日仏陀に会えば、翌日は悪魔に会う。
　——贾 平凹（作家）

Lesson 13　電気店で

在药妆店 ●ドラッグストアで

🔊 **107**

🤝 **KIKKAKE** ドラッグストアで買い物リストを見ながら何かを探している中国人がいます.

A: 您 好! 您 在 找 什么?
　　Nín hǎo! Nín zài zhǎo shénme?

B: 我 要 买 这 种 面膜, 你 看。
　　Wǒ yào mǎi zhèi zhǒng miànmó, nǐ kàn.

A: 面膜 在 那边儿。 请 跟 我 来。
　　Miànmó zài nèibiānr. Qǐng gēn wǒ lái.

B: 就 是 它。 可 找到 了。
　　Jiù shì tā. Kě zhǎodào le.

A: 您 要 买 多少?
　　Nín yào mǎi duōshao?

B: 多少 钱 可以 免税?
　　Duōshao qián kěyǐ miǎnshuì?

A: 满 5000 日元 就 可以。
　　Mǎn wǔqiān rìyuán jiù kěyǐ.

🔊 **108**

❶ 药妆店 yàozhuāngdiàn 名 ドラッグストア
❷ 找 zhǎo 動 探す
❸ 要 yào 副 ～したい（意志を表す）、～するつもりだ
❹ 种 zhǒng 量 ～種類
❺ 面膜 miànmó 名 顔の美容パック
❻ 那边儿 nèibiānr 代 そちら、あちら
❼ 跟 gēn 前 ～と、～に（動作にかかわる対象を示す）
❽ 就 jiù 副 まさしく、まさに、ならば～である
❾ 可 kě 副 語気を強める

❿ ～到 dào 動 （～した結果）目的が達成する、ある地点へ到達する
⓫ 找到 zhǎodào 組 見つかる、見つける
⓬ 多少钱 duōshao qián 組 いくら
⓭ 钱 qián 名 お金
⓮ 免税 miǎnshuì 動 免税にする
⓯ 满 mǎn 動 （一定の限度に）達する
⓰ 日元 rìyuán 名 日本円

POINT 1　進行の "在"

"在" ＋動詞（句）（＋ "呢"）　〈～しているところだ〉

動詞の前に副詞 "在" を用いて、ある行為の進行を表す。文末によく "呢" を伴う。

他们在唱卡拉 OK 呢。　　　Tāmen zài chàng kǎlā OK ne.

你在干什么呢？　　　　　Nǐ zài gàn shénme ne?

——我在听音乐呢。　　　　Wǒ zài tīng yīnyuè ne.

POINT 2　結果補語

動詞＋結果補語

「結果補語」は動作の結果を表す。文末によく "了" を伴う。

否定は「動詞＋結果補語」の前に "没（有）" を置き、"了" が消える。

音乐会的票买到了。　　　　Yīnyuèhuì de piào mǎidào le.

老师的汉语，你听懂了吗？　Lǎoshī de Hànyǔ, nǐ tīngdǒng le ma?

——我没听懂。　　　　　　Wǒ méi tīngdǒng.

POINT 3　100 以上の数字 ＆ 金額の言い方

100、1000 は日本語では「百」「千」だが、中国語では "一百" "一千" という。

| 100 | 一百 yìbǎi | 101 | 一百零一 yìbǎi líng yī | 110 | 一百一（十）yìbǎi yī (shí) |

1000　一千 yìqiān　　　1005　一千零五 yìqiān líng wǔ

10000　一万 yí wàn　　　98765　九万八千七百六十五 jiǔ wàn bāqiān qībǎi liùshíwǔ

一张票多少钱？　　　　　Yì zhāng piào duōshao qián?

——505 块（人民币）。　　Wǔbǎi líng wǔ kuài (rénmínbì).

打工一个小时多少钱？　　Dǎgōng yí ge xiǎoshí duōshao qián?

——850 日元。　　　　　　Bābǎi wǔshí rìyuán.

● 発音を聞いて、文を繰り返し、次に a、b に語句を置き換えて練習しなさい。

1. 她女儿在洗脸呢。
   Tā nǚ'ér zài xǐliǎn ne.

刷牙 shuāyá

洗澡 xǐzǎo

2. 我们还没准备好呢。
   Wǒmen hái méi zhǔnbèihǎo ne.

吃完 chīwán

唱够 chànggòu

語法ポイント＆ドリルの新出単語

❶ 唱 chàng ［動］歌う

❷ 卡拉OK kǎlā OK ［名］カラオケ

❸ 呢 ne ［助］～している

❹ 干 gàn ［動］する、やる

❺ 听 tīng ［動］聴く

❻ 音乐 yīnyuè ［名］音楽

❼ 音乐会 yīnyuèhuì ［名］コンサート

❽ 票 piào ［名］チケット

❾ 买到 mǎidào ［組］買って手に入れる

❿ 懂 dǒng ［動］分かる、理解する

⓫ ～块 kuài ［量］"元"の話し言葉。
   人民元の単位の一つ。

⓬ 人民币 rénmínbì ［名］人民元

⓭ 女儿 nǚ'ér ［名］女の子、娘

⓮ 洗脸 xǐliǎn ［動］顔を洗う

⓯ 刷牙 shuāyá ［動］歯を磨く

⓰ 洗澡 xǐzǎo ［動］お風呂に入る

⓱ 准备 zhǔnbèi ［動］準備する

⓲ ～够 gòu ［動］たっぷり～する、
   嫌というほど～する、飽きるくらい～する

練習問題

1 質問を聞き、本文に基づき、口頭で答えなさい。　🔊 **112**

1. B 要买什么？　　　➡ _____

2. B 找到面膜了吗？　➡ _____

3. 买多少钱可以免税？➡ _____

2 実際に基づき、次の質問にピンインで答えなさい。

1. Nǐ mǎiguo miànmó ma?　　　　　　➡ _____

2. Lǎoshī de Hànyǔ nǐ tīngdǒng le ma?　➡ _____

3. Nǐ xǐhuan chàng kǎlā OK ma?　　　　➡ _____

3 次の日本語を中国語に訳しなさい。（簡体字とピンインで）

1. 私はこのパソコンを買いたいです。　簡体字 _____

　　ピンイン _____

2. 新しいスマホが買えました。　簡体字 _____

　　ピンイン _____

3. カラオケはまだ歌い足りないよ。　簡体字 _____

　　ピンイン _____

🔊 **113**

GREATEST WORDS 名言コーナー

青春是一本太仓促的书。　——席 慕蓉

Qīngchūn shì yì běn tài cāngcù de shū.　——Xí Mùróng

青春とはそそくさとせわしなく読んだ本のようなものだ。
　——席 慕蓉（詩人）

在居酒屋 ●居酒屋で

🔊 **114**

🤝 **KIKKAKE** バイト先の居酒屋に中国からのツアー客が．中国語をしゃべるいいチャンスだ．

A: 欢迎 光临。 里边儿 请。
　 Huānyíng guānglín. Lǐbianr qǐng.

B: 走了 一 天 累死 我 了。
　 Zǒule yì tiān lèisi wǒ le.

A: 给 您 热 毛巾。
　 Gěi nín rè máojīn.

C: 能 先 给 我
　 Néng xiān gěi wǒ

　 一 杯 白开水 吗?
　 yì bēi báikāishuǐ ma?

A: 请 稍 等。 给 您。
　 Qǐng shāo děng. Gěi nín.

C: 谢谢。 你 汉语 说得 不错 呀。
　 Xièxie. Nǐ Hànyǔ shuōde búcuò ya.

A: 哪里 哪里。
　 Nǎli nǎli.

🔊 **115**

1 欢迎 huānyíng 動 歓迎する
2 光临 guānglín 動 ご光臨を賜る
3 走 zǒu 動 歩く
4 一天 yì tiān 組 一日
5 累 lèi 形 疲れる
6 〜死 sǐ 動 (動詞や形容詞の後に置き)程度が甚だしいことを表す
7 给 gěi 動 あげる、与える
8 毛巾 máojīn 名 タオル

9 先 xiān 副 先に、まず
10 白开水 báikāishuǐ 名 白湯(さゆ)
11 稍 shāo 副 少し、やや
12 等 děng 動 待つ
13 得 de 助 (動詞・形容詞の後に置き、その)結果や程度を表す言葉を導く
14 不错 búcuò 形 よい、優れている
15 呀 ya 助 "啊"が直前の音の影響で変化した音
16 哪里 nǎli 挨拶 とんでもありません、いいえ

POINT 1 方位詞

具体的な方向や位置を表す。

上边（儿）shàngbian(r)	（上側、上の方）		下边（儿）xiàbian(r)	（下側、下の方）	
里边（儿）lǐbian(r)	（内側、中の方）		外边（儿）wàibian(r)	（外側、外の方）	
前边（儿）qiánbian(r)	（前側、前の方）		后边（儿）hòubian(r)	（後ろ側、後ろの方）	
左边（儿）zuǒbian(r)	（左側、左の方）		右边（儿）yòubian(r)	（右側、右の方）	
旁边（儿）pángbiān(r)	（そば、隣）		对面（儿）duìmiàn(r)	（向かい側）	

桌子下边儿 zhuōzi xiàbianr

「～の上」「～の中」と言う場合、"上""里"をよく用いる。

床上 chuángshang 书包里 shūbāo li

POINT 2 程度補語

形容詞＋"极/死" 〈すごく～、極めて～〉

味道好极了。 Wèidao hǎojí le.

这几天热死我了。 Zhè jǐ tiān rèsi wǒ le.

POINT 3 様態補語

動詞＋"得"＋様態補語 〈～するのが～だ〉

你说得很好。 Nǐ shuōde hěn hǎo.

否定は様態補語の前に"不"を置く。

我说得不好。 Wǒ shuōde bù hǎo. ×我不说得好。

目的語がある場合、動詞を繰り返し、前の動詞を省略できる。

（動詞＋）目的語＋同じ動詞＋"得"＋様態補語

他（说）汉语说得怎么样？ Tā (shuō) Hànyǔ shuōde zěnmeyàng?

——他（说）汉语说得很流利。 Tā (shuō) Hànyǔ shuōde hěn liúlì.

● 発音を聞いて、文を繰り返し、次に a、b に語句を置き換えて練習しなさい。

1. 便利店**旁边儿**有一个**居酒屋**。
   Biànlìdiàn pángbiānr yǒu yí ge jūjiǔwū.

左边儿 / 银行
zuǒbianr / yínháng

右边儿 / 邮局
yòubianr / yóujú

2. 她**说法语**说得很**好**。
   Tā shuō Fǎyǔ shuōde hěn hǎo.

说英语 / 流利
shuō Yīngyǔ / liúlì

打网球 / 棒
dǎ wǎngqiú / bàng

◁)) **118**

語法ポイント & ドリルの新出単語

❶ 床 chuáng 〔名〕ベッド

❷ 〜上 shang 〔名〕〜の上側、〜の上の方

❸ 味道 wèidao 〔名〕味、味わい

❹ 极 jí 〔副〕すごく〜、極めて〜

❺ 流利 liúlì 〔形〕流暢である

❻ 居酒屋 jūjiǔwū 〔名〕居酒屋

❼ 银行 yínháng 〔名〕銀行

❽ 邮局 yóujú 〔名〕郵便局

❾ 法语 Fǎyǔ 〔名〕フランス語

❿ 网球 wǎngqiú 〔名〕テニス

⓫ 打 dǎ 〔動〕(多く手を使って) 遊ぶ、する、やる

⓬ 棒 bàng 〔形〕すばらしい、すごい、
   たいしたものである (能力・成績など)

練習問題

1 質問を聞き、本文に基づき、口頭で答えなさい。　🔊 **119**

1.　B 现在在哪儿？　　　➡ _____

2.　A 给了 C 一杯什么饮料？　➡ _____

3.　A 说汉语说得怎么样？　➡ _____

2 実際に基づき次の質問にピンインで答えなさい。

1.　Nǐ zài jūjiǔwū chīguo fàn ma?　➡ _____

2.　Nǐ xǐhuan hē shénme yǐnliào?　➡ _____

3.　Nǐ Hànyǔ shuōde zěnmeyàng?　➡ _____

3 次の日本語を中国語に訳しなさい。（簡体字とピンインで）

1.　私にコーヒーを一杯ください。　簡体字 _____

　　ピンイン _____

2.　彼女は英語を流暢に話す。　簡体字 _____

　　ピンイン _____

3.　私はテニスがあまり上手ではない。　簡体字 _____

　　ピンイン _____

🔊 **120**

GREATEST WORDS 名言コーナー

人总是在接近幸福时倍感幸福，
在幸福进行时却患得患失。　——张 爱玲

Rén zǒngshì zài jiējìn xìngfú shí bèi gǎn xìngfú,
zài xìngfú jìnxíng shí què huàndé huànshī.　——Zhāng Àilíng

人は幸せが近づいてくるときにより強く幸福を感じ，
幸せのさなかにいるときにはそれを失うのではと心配する。　——張 愛玲 (作家)

在中餐馆 ●中華料理店で

🔊 **121**

🤝 **KIKKAKE** バイトをしている中華料理店に中国人の若いカップルが来ました.

A: 给 您 菜单。
Gěi nín càidān.

B: (彼女に) 你 点 吧, 点 你 想 吃 的。
Nǐ diǎn ba, diǎn nǐ xiǎng chī de.

A: 麻婆 豆腐 是 我们 店 的 招牌菜。
Mápó dòufu shì wǒmen diàn de zhāopáicài.

B: 她 不 能 吃 辣 的。
Tā bù néng chī là de.

A: 那, 西红柿炒鸡蛋 不 辣。
Nà, xīhóngshìchǎojīdàn bú là.

B: 她 对 鸡蛋 过敏。
Tā duì jīdàn guòmǐn.

彼女 C: 我们 点 这个 铁板
Wǒmen diǎn zhèige tiěbǎn

牛柳 吧, 是 黑毛 和牛。
niúliǔ ba, shì hēimáo héniú.

B: 这个 好! 就 是 它 了。 再 要 两 碗 米饭。
Zhèige hǎo! Jiù shì tā le. Zài yào liǎng wǎn mǐfàn.

🔊 **122**

🚩 **新出語句**

① 中餐馆 Zhōngcānguǎn 名 中華料理店
② 菜单 càidān 名 メニュー
③ 点 diǎn 動 注文する
④ 麻婆豆腐 mápó dòufu 名 マーボー豆腐
⑤ 店 diàn 名 店
⑥ 招牌 zhāopai 名 看板
⑦ 菜 cài 名 料理、おかず
⑧ 辣 là 形 辛い
⑨ 西红柿 xīhóngshì 名 トマト

⑩ 炒 chǎo 動 炒める
⑪ 鸡蛋 jīdàn 名 卵
⑫ 对 duì 前 ～に対する、～に向かって
⑬ 过敏 guòmǐn 動 アレルギーを起こす
⑭ 铁板牛柳 tiěbǎn niúliǔ 名 牛肉の細切り鉄板焼
⑮ 黑毛和牛 hēimáo héniú 名 黒毛和牛
⑯ 碗 wǎn 名 碗、茶碗
⑰ 米饭 mǐfàn 名 ご飯

POINT 1　二重目的語

動詞＋間接目的語＋直接目的語　〈～に…を～する〉

告诉我你的电话号码。　Gàosu wǒ nǐ de diànhuà hàomǎ.

你教我打太极拳吧。　Nǐ jiāo wǒ dǎ tàijíquán ba.

POINT 2　副詞"就"

1 まさしく。他でもなく。

我就要这个。　Wǒ jiù yào zhèige.

2 （～すると）すぐ。二つの動作が引き続いて行われることを表す。

我写完作业就睡。　Wǒ xiěwán zuòyè jiù shuì.

3 ならば～である。前文の条件を受けて結論を表す。

满5000日元就可以免税。　Mǎn wǔqiān rìyuán jiù kěyǐ miǎnshuì.

POINT 3　前置詞"对"

"对"は動作・行為の対象を導く。〈～対して、～へ、～に〉

我对画画儿很感兴趣。　Wǒ duì huà huàr hěn gǎn xìngqù.

他对她非常热情。　Tā duì tā fēicháng rèqíng.

西红柿炒鸡蛋

铁板牛柳

◁)) **124**

● 発音を聞いて、文を繰り返し、次に a、b に語句を置き換えて練習しなさい。

1. 请告诉我你的**手机号码**。
   Qǐng gàosu wǒ nǐ de shǒujī hàomǎ.

地址 dìzhǐ

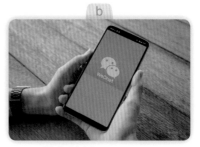
微信地址 wēixìn dìzhǐ

2. 他女朋友对**花粉**过敏。
   Tā nǚpéngyou duì huāfěn guòmǐn.

螃蟹 pángxiè

花生米 huāshēngmǐ

◁)) **125**

語法ポイント&ドリルの新出単語

① 告诉 gàosu 　動 告げる、知らせる
② 电话 diànhuà 　名 電話
③ 号码 hàomǎ 　名 番号
④ 教 jiāo 　動 教える
⑤ 太极拳 tàijíquán 　名 太極拳
⑥ 写完 xiěwán 　組 書き終わる
⑦ 睡 shuì 　動 寝る
⑧ 画 huà 　動 描く
⑨ 画儿 huàr 　名 絵

⑩ 感兴趣 gǎn xìngqù 　組 興味を持つ
⑪ 热情 rèqíng 　形 親切だ
⑫ 地址 dìzhǐ 　名 住所
⑬ 微信 Wēixìn 　固 ウィチャット（WeChat）
⑭ 女朋友 nǚpéngyou 　名 彼女、ガールフレンド
⑮ 花粉 huāfěn 　名 花粉
⑯ 螃蟹 pángxiè 　名 蟹
⑰ 花生米 huāshēngmǐ 　名 ピーナッツ

練習問題

1 質問を聞き、本文に基づき、口頭で答えなさい。　　　　　　🔊 **126**

1. 这个中餐馆的招牌菜是什么？

   ➡ ....

2. B 的女朋友对什么过敏？　➡ ....

3. 他们点了几碗米饭？　　　➡ ....

2 実際に基づき次の質問にピンインで答えなさい。

1. Nǐ chīguo mápó dòufu ma?　　　　➡ ....

2. Nǐ néng chī là de ma? Xǐhuan chī ma?　➡ ....

3. Nǐ duì huāfěn guòmǐn ma?　　　　➡ ....

3 次の日本語を中国語に訳しなさい。（簡体字とピンインで）

1. メニューをお願いします。　　[簡体字] ....

   [ピンイン] ....

2. 彼女は辛い物が大好きです。　[簡体字] ....

   [ピンイン] ....

3. 今、君は何に興味をもっていますか。[簡体字] ....

   [ピンイン] ....

🔊 **127**

GREATEST WORDS 名言コーナー

这个世界是不公平的，你要学着去习惯它。
　　　　　　　　　　　　　　　——比尔·盖茨

Zhèige shìjiè shì bù gōngpíng de, nǐ yào xuézhe qù xíguàn tā.
　　　　　　　　　　　　　　　——Bǐ'ěr · Gàicí

この世は公平ではない。そのことに慣れよう。　——ビル·ゲイツ

Lesson **16**　中華料理店で

在乘出租车处 ●タクシー乗り場で

◁)) 128

🤝 **KIKKAKE** 初めて日本のタクシーを利用する中国人観光客．不安そう．

A: 你们 是 回 饭店 去 吗？
　　Nǐmen　shì　huí　fàndiàn　qù　ma?

B: 对，我们 住在 赤坂 王子 饭店。
　　Duì,　wǒmen　zhùzài　Chìbǎn　Wángzǐ　Fàndiàn.

A: 带着 饭店 的 名片 呢 吧？
　　Dàizhe　fàndiàn　de　míngpiàn　ne　ba?

C: 带着 呢。
　　Dàizhe　ne.

A: 上车 后 给 司机
　　Shàngchē　hòu　gěi　sījī

　　看 一下。
　　kàn　yíxià.

C: 知道 了，谢谢 你。
　　Zhīdao　le,　xièxie　nǐ.

A: 车门 司机 开关，你们 不用 管。
　　Chēmén　sījī　kāiguān,　nǐmen　búyòng　guǎn.

◁)) 129

新出語句

① 乘 chéng 　動 乗る
② 出租车 chūzūchē 　名 タクシー
③ 处 chù 　名 所、場所
④ 饭店 fàndiàn 　名 ホテル
⑤ 住 zhù 　動 泊まる、住む
⑥ 赤坂 Chìbǎn 　固 地名
⑦ 王子 Wángzǐ 　名 王子、プリンス
⑧ 带 dài 　動 身につけて持つ
⑨ 着 zhe 　助 〜している
⑩ 名片 míngpiàn 　名 名刺

⑪ 上车 shàngchē 　動 車に乗る
⑫ 后 hòu 　名 あと、のち
⑬ 给 gěi 　前 〜に
⑭ 司机 sījī 　名 運転手
⑮ 一下 yíxià 　数量 （動詞の後に置き）ちょっと〜する
⑯ 知道 zhīdao 　動 分かる、知る
⑰ 车门 chēmén 　名 車のドア
⑱ 开关 kāiguān 　動 開け閉めする
⑲ 不用 búyòng 　副 〜する必要がない、〜しなくてもよい
⑳ 管 guǎn 　動 かかわる、関与する

POINT 1 方向補語

方向補語は、動作が行われる方向を表す。

動詞＋方向補語（"来 / 去"）　〈〜してくる / いく〉

小朋友们下来了。　　Xiǎopéngyǒumen xiàlai le.

这是我爸爸从巴黎买来的巧克力。
Zhè shì wǒ bàba cóng Bālí mǎilai de qiǎokèlì.

場所を表す目的語は "来" "去" の前に置く。

老师进教室来了。　　Lǎoshī jìn jiàoshì lái le.　　×老师进来教室了。

POINT 2 持続の "着"

動詞＋"着"　〈〜している〉

"着" は動作の持続や、動作の結果もたらされた状態の持続を表す。

我们在这儿等着吧。　　Wǒmen zài zhèr děngzhe ba.

他穿着西装，戴着墨镜。　Tā chuānzhe xīzhuāng, dàizhe mòjìng.

動詞1＋"着"＋動詞2　〈〜しながら〜する、〜して〜する〉

她笑着跟我打招呼。　　Tā xiàozhe gēn wǒ dǎ zhāohu.

她经常躺着看手机。　　Tā jīngcháng tǎngzhe kàn shǒujī.

POINT 3 動詞＋"一下"　〈ちょっと〜する〉

我想去一下洗手间。　　Wǒ xiǎng qù yíxià xǐshǒujiān.

请等一下。　　　　　　Qǐng děng yíxià.

我们休息一下吧。　　　Wǒmen xiūxi yíxià ba.

◁)) **131**

● 発音を聞いて、文を繰り返し、次に a、b に語句を置き換えて練習しなさい。

1. 她**进去**了。
   Tā jìnqu le.

下来 xiàlai

出来 chūlai

2. 她们穿着和服**照相**。
   Tāmen chuānzhe héfú zhàoxiàng.

逛京都 guàng Jīngdū

过成人节 guò Chéngrénjié

◁)) **132**

語法ポイント & ドリルの新出単語

① 下 xià 　動 降りる、下る

② 爸爸 bàba 　名 お父さん、父

③ 巴黎 Bālí 　固 パリ

④ 巧克力 qiǎokèlì 　名 チョコ

⑤ 进 jìn 　動 入る

⑥ 穿 chuān 　動 着る、はく

⑦ 西装 xīzhuāng 　名 背広、スーツ

⑧ 戴 dài 　動 (装身具などを) 身につける

⑨ 墨镜 mòjìng 　名 サングラス

⑩ 别 bié 　副 ～するな、～してはいけない
　　　(禁止や制止を表す)

⑪ 招呼 zhāohu 　動 挨拶する、会釈する

⑫ 经常 jīngcháng 　副 よく、いつも

⑬ 躺 tǎng 　動 横になる

⑭ 出 chū 　動 出る

⑮ 和服 héfú 　名 和服

⑯ 逛 guàng 　動 ぶらぶらする、見物する

⑰ 京都 Jīngdū 　固 京都

⑱ 过 guò 　動 すごす、祝う

⑲ 成人节 Chéngrénjié 　名 成人式

練習問題

1 質問を聞き、本文に基づき、口頭で答えなさい。 🔊 **133**

1. 他们住在哪个饭店？ ➡ ……………………………………………

2. 他们打算坐什么车回饭店？ ➡ ……………………………………

3. 日本出租车的车门谁开关？ ➡ …………………………………

2 実際に基づき次の質問にピンインで答えなさい。

1. Dōngjīng de chūzūchē guì bu guì? ➡ ……………………………

2. Nǐ měitiān zuò shénme chē lái dàxué? ➡ ………………………

3. Nǐ zhīdao Chìbǎn Wángzǐ Fàndiàn ma? ➡ ……………………

3 次の日本語を中国語に訳しなさい。（簡体字とピンインで）

1. 私たち、入りましょう。　簡体字 …………………………………

　ピンイン …………………………………………………………………

2. 歩きながらスマホを見るな。　簡体字 ……………………………

　ピンイン …………………………………………………………………

3. ちょっとお手洗いに（行きたいのですが）。 簡体字 ………………

　ピンイン …………………………………………………………………

🔊 **134**

GREATEST WORDS 名言コーナー

晚上想想千条路，早上醒来走原路。

——马 云

Wǎnshang xiǎngxiang qiān tiáo lù, zǎoshang xǐnglai zǒu yuán lù.

——(Ālǐbābā) Mǎ Yún

夜にはああもしよう、こうもしようと思うのだが、
朝起きたら、元の道を歩くだけ。（何も変わっていない。） ——馬雲（元アリババCEO）

Lesson 18

打电话 ●電話をかける

🔊 135

KIKKAKE 友達になったので、勇気を出して電話で誘ってみます.

A: 喂，吃过 晚饭 了 吗？
Wéi, chīguo wǎnfàn le ma?

B: 吃过 了。 有 什么 事儿 吗？
Chīguo le. Yǒu shénme shìr ma?

A: 星期天 一起 去 迪士尼 乐园 玩儿，怎么样？
Xīngqītiān yìqǐ qù Díshìní Lèyuán wánr, zěnmeyàng?

B: 好 啊！ 几 点 去？
Hǎo a! Jǐ diǎn qù?

A: 日程 已经 给 你 发到 LINE 上 了。
Rìchéng yǐjīng gěi nǐ fādào LINE shang le.

你 看 一下。
Nǐ kàn yíxià.

B: 啊?! 早晨 5 点 出发？ 我 怕 我 起不来。
Á?! Zǎochen wǔ diǎn chūfā? Wǒ pà wǒ qǐbulái.

A: 你 一定 能 起得来。 加油儿！
Nǐ yídìng néng qǐdelái. Jiāyóur!

🔊 136

① 喂 wèi 感 もしもし（電話では2声に）
② 晚饭 wǎnfàn 名 晩ご飯
③ 过 guo 動 〜した、済ませた
④ 事儿 shìr 名 こと、用事
⑤ 星期天 xīngqītiān 名 日曜日
⑥ 迪士尼乐园 Díshìní Lèyuán 固 ディズニーランド
⑦ 日程 rìchéng 名 スケジュール
⑧ 发 fā 動 送る、送信する

⑨ 啊 á 感 （意外・疑いを表す）ええっ、えっ
⑩ 早晨 zǎochen 名 早朝
⑪ 出发 chūfā 動 出発する、出かける
⑫ 怕 pà 動 心配する、恐れる
⑬ 起来 qǐlái 動 起きる、起床する
⑭ 一定 yídìng 副 きっと、必ず
⑮ 加油儿 jiāyóur 動 頑張る

POINT 1 終了の“过”

動詞＋“过”＋目的語＋（“了”） 〈～し終えた。～済ませた〉

動詞の後に置き、動作が終了済みであることを表す。“了”とともに用いることが多い。結果補語の用法で、どの時制にも用いられる。経験の“过”とは異なる。

☞ 第8課（経験の“过”）

我给她打过电话了。 Wǒ gěi tā dǎguo diànhuà le.

你吃过药了吗？ Nǐ chīguo yào le ma?

POINT 2 疑問詞の不定用法

“什么”は不定の事物「何か」、“哪儿”は不定の場所「どこか」、“几”は不定の数「いくつか」を表すことができる。

你想买什么吗？ Nǐ xiǎng mǎi shénme ma?

我们去哪儿逛逛吧。 Wǒmen qù nǎr guàngguang ba.

沙发上有几本时装杂志。 Shāfā shang yǒu jǐ běn shízhuāng zázhì.

POINT 3 可能補語

動詞＋“得／不”＋結果補語／方向補語 〈できる／できない〉

結果補語や方向補語の前に“得”を入れて可能を表し、“不”を入れると不可能を表す。

英语我听得懂，德语我听不懂。
Yīngyǔ wǒ tīngdedǒng, Déyǔ wǒ tīngbudǒng.

明天我有事儿，来不了。
Míngtiān wǒ yǒu shìr, láibuliǎo.

早晨5点你起得来吗？
Zǎochcn wǔ diǎn nǐ qǐdelái ma?

上海の“迪士尼乐园”

Drill
ドリル

●発音を聞いて、文を繰り返し、次にa、bに語句を置き換えて練習しなさい。

1. 你们**吃过饭**了吗？ ——**吃过饭**了。
   Nǐmen chīguo fàn le ma? —— Chīguo fàn le.

见面 jiànmiàn

握手 wòshǒu

2. 这么多菜，我**吃**不完。
   Zhème duō cài, wǒ chībuwán.

书 shū / 看 kàn

作业 zuòyè / 写 xiě

139

語法ポイント&ドリルの新出単語

① 药 yào 名 薬

② 沙发 shāfā 名 ソファー

③ 时装 shízhuāng 名 ファッション

④ 德语 Déyǔ 固 ドイツ語

⑤ 明天 míngtiān 名 明日

⑥ ～不了 buliǎo 動 (動詞の後に置き、不可能を表す) ～できない；(量的に多すぎて) ～しきれない

⑦ 饭 fàn 名 ご飯、食事

⑧ 见面 jiànmiàn 動 会う

⑨ 握手 wòshǒu 動 握手する

⑩ 这么 zhème 代 このように、こんなに、そんなに

練習問題

1 質問を聞き、本文に基づき、口頭で答えなさい。　　◁)) **140**

1. 谁给谁打电话？　　➡ _____

2. 他们想一起去哪儿玩儿？　➡ _____

3. 他们几点出发？　　➡ _____

2 実際に基づき次の質問にピンインで答えなさい。

1. Nǐ yǒu Zhōngguó péngyou ma?　➡ _____

2. Nǐ qùguo Díshìní Lèyuán ma?　➡ _____

3. Lǎoshī de Hànyǔ, nǐ tīngdedǒng ma?　➡ _____

3 次の日本語を中国語に訳しなさい。（簡体字とピンインで）

1. 私は朝食を済ませました。　簡体字 _____

　　ピンイン _____

2. 私たち、どこかへ遊びに行きましょう。　簡体字 _____

　　ピンイン _____

3. 私は中国語が聞き取れません。　簡体字 _____

　　ピンイン _____

◁)) **141**

GREATEST WORDS　名言コーナー

世界上的事情，最忌讳的就是十全十美。
　　　　　　　　　　——莫言

Shìjiè shang de shìqing, zuì jìhuì de jiù shì shí quán shí měi.
　　　　　　　　　　——Mò Yán

この世のことは，すべて完全無欠を望んではいけない。　——莫言

在电车上 ●電車の中で

🔊 **142**

👏 **KIKKAKE** 電車で日本語の教科書を開いている.
隣に座っているあなた.

A: **日语 难 不 难?**
Rìyǔ nán bu nán?

B: **我 觉得 比 英语 难。**
Wǒ juéde bǐ Yīngyǔ nán.

A: **你 会 不 会 说 英语?**
Nǐ huì bu huì shuō Yīngyǔ?

B: **会 说 一点儿。 不过 比 日语 说得 好。**
Huì shuō yìdiǎnr. Búguò bǐ Rìyǔ shuōde hǎo.

A: **日本 料理 吃得惯 吗?**
Rìběn liàolǐ chīdeguàn ma?

B: **生鱼片 还 吃不惯，其他 的 还 可以。**
Shēngyúpiàn hái chībuguàn, qítā de hái kěyǐ.

A: **我 喜欢 打 网球，你 的 爱好 是 什么?**
Wǒ xǐhuan dǎ wǎngqiú, nǐ de àihào shì shénme?

B: **跟 你 一样。**
Gēn nǐ yíyàng.

🔊 **143**

新出語句

① 日语 Rìyǔ 固 日本語
② 难 nán 形 難しい
③ 觉得 juéde 動 ～と思う、～と感じる
④ 比～ bǐ 前 ～より、～に比べて
⑤ 会 huì 助動 (習得して)できる
⑥ 一点儿 yìdiǎnr 数量 少し
⑦ 不过 búguò 接 しかし、ただし
⑧ 日本料理 Rìběn liàolǐ 固 和食

⑨ 惯 guàn 動 慣れる
⑩ 生鱼片 shēngyúpiàn 名 刺身
⑪ 其他 qítā 代 その他、そのほか
⑫ 可以 kěyǐ 形 比較的よい、まあまあだ
⑬ 爱好 àihào 名 趣味
⑭ 跟 gēn 前 (比較する対象を示す)～と(比べて)
⑮ 一样 yíyàng 形 同じである

POINT 1　反復疑問文

述語の肯定＋否定　〈～か〉

他是不是日本人？　　Tā shì bu shì Rìběnrén?

你去不去迪士尼乐园？　Nǐ qù bu qù Díshìní Lèyuán?

你现在忙不忙？　　　Nǐ xiànzài máng bu máng?

你想不想吃草莓蛋糕？　Nǐ xiǎng bu xiǎng chī cǎoméi dàngāo?

POINT 2　比較文

A＋"比"＋B＋形容詞（＋差量）　〈AはBより（どれだけ）～だ〉

汉语比英语难。　　　Hànyǔ bǐ Yīngyǔ nán.

「差量」は形容詞の後に置く。

我姐姐比我大两岁。　Wǒ jiějie bǐ wǒ dà liǎng suì.

否定は"没有"を使う。　〈AはBほど～でない〉

他没有你高。　　　　Tā méiyou nǐ gāo.

比べて同じ場合には、下記の文型：

A＋"跟"＋B＋"一样"（＋形容詞）　〈AはBと同じ～だ〉

我的书包跟你的一样。　Wǒ de shūbāo gēn nǐ de yíyàng.

我跟你一样高兴。　　Wǒ gēn nǐ yíyàng gāoxìng.

POINT 3　助動詞"会"

"会"＋動詞（句）　〈（学習や訓練によって）～できる〉

否定形は"不会"。

我会说普通话。　　Wǒ huì shuō pǔtōnghuà.

他不会打棒球。　　Tā bú huì dǎ bàngqiú.

Drill
ドリル

● 発音を聞いて、文を繰り返し、次に a、b に語句を置き換えて練習しなさい。

1. 他比他**大两岁**。
   Tā bǐ tā dà liǎng suì.

小三岁 xiǎo sān suì

高两公分 gāo liǎng gōngfēn

2. 我不会**滑雪**。
   Wǒ bú huì huáxuě.

游泳 yóuyǒng

跳舞 tiàowǔ

🔊 **146**

語法ポイント & ドリルの新出単語

① 草莓 cǎoméi ［名］イチゴ

② 蛋糕 dàngāo ［名］ケーキ

③ 大 dà ［形］(年齢が) 大きい、年上だ

④ 没有 méiyou ［動］(比較して) ～ほど～ではない、～に及ばない

⑤ 高 gāo ［形］(背丈が) 高い

⑥ 高兴 gāoxìng ［形］嬉しい、機嫌がいい

⑦ 普通话 pǔtōnghuà ［名］標準語

⑧ 棒球 bàngqiú ［名］野球

⑨ 小 xiǎo ［形］小さい、若い

⑩ 公分 gōngfēn ［量］センチメートル

⑪ 滑雪 huáxuě ［動］スキーをする

⑫ 游泳 yóuyǒng ［動］泳ぐ

⑬ 跳舞 tiàowǔ ［動］ダンスをする

練習問題

1 質問を聞き、本文に基づき、口頭で答えなさい。 🔊 **147**

1. B 觉得日语难不难？ ➡ ....

2. B 会不会说英语？ ➡ ....

3. B 吃得惯生鱼片吗？ ➡ ....

2 実際に基づき次の質問にピンインで答えなさい。

1. Nǐ juéde Hànyǔ nán ma? ➡ ....

2. Nǐ huì bu huì dǎ wǎngqiú? ➡ ....

3. Nǐ chīdeguàn mápó dòufu ma? ➡ ....

3 次の日本語を中国語に訳しなさい。（簡体字とピンインで）

1. 私は英語が話せます。 簡体字 ....

   ピンイン ....

2. 私は妹より２歳大きい。 簡体字 ....

   ピンイン ....

3. 今日は昨日ほど暑くない。 簡体字 ....

   ピンイン ....

🔊 **148**

GREATEST WORDS 名言コーナー

想要无可取代，就必须时刻与众不同。
——可可·香奈儿

Xiǎng yào wú kě qǔdài, jiù bìxū shíkè yǔ zhòng bù tóng.
——Kěkě · Xiāngnài'ér

かけがえのない人間になるためには、常に他人と違っていなければならない。
——ココ・シャネル

在温泉旅馆(1) ●温泉旅館で(1)

◁)) **149**

🤝 **KIKKAKE** 浴衣を着たい中国人のグループ、どこで借りられるか分からず、困っている様子．そこで．

A: 我　知道　哪儿　可以　借到　浴衣。
Wǒ　zhīdao　nǎr　kěyǐ　jièdào　yùyī.

我　带　你们　去　吧。
Wǒ　dài　nǐmen　qù　ba.

B: 哇！　这么　多　种类。
Wà!　Zhème　duō　zhǒnglèi.

A: 这些　都　是　女士　浴衣。
Zhèixiē　dōu　shì　nǚshì　yùyī.

男士　的　在　那边儿。
Nánshì　de　zài　nèibiānr.

B: 怎么　这么　长？
Zěnme　zhème　cháng?

A: 那　件　是　大号。　你　应该　穿　中号。
Nèi　jiàn　shì　dàhào.　Nǐ　yīnggāi　chuān　zhōnghào.

B: 你　看，　正　合适。
Nǐ　kàn,　zhèng　héshì.

◁)) **150**

🚩 新出語句

① 温泉 wēnquán 名 温泉
② 借 jiè 動 借りる
③ 浴衣 yùyī 名 浴衣
④ 带 dài 動 引き連れる、率いる
⑤ 哇 wà 感 (驚きと感動)わ〜
⑥ 这么 zhème 代 このように、こんなに、そんなに
⑦ 种类 zhǒnglèi 名 種類
⑧ 这些 zhèixiē 代 これら

⑨ 女士 nǚshì 名 女史(敬称)
⑩ 男士 nánshì 名 殿方、紳士
⑪ 怎么 zěnme 代 どうやって、なぜ
⑫ 大号 dàhào 形 Lサイズの
⑬ 应该 yīnggāi 助動 〜すべき
⑭ 中号 zhōnghào 形 Mサイズの
⑮ 正 zhèng 副 ちょうど、まさに
⑯ 合适 héshì 形 ぴったりだ、ちょうどいい

POINT 1　疑問詞疑問文が目的語になる文

文全体は疑問の意味を表さない。

我知道李老师在哪儿。　　Wǒ zhīdao Lǐ lǎoshī zài nǎr.

他不懂这是什么意思。　　Tā bù dǒng zhè shì shénme yìsi.

POINT 2　疑問詞"怎么"

1 原因・理由を尋ねる。　〈なぜ、どうして〉

你怎么哭了？　　　　　　Nǐ zěnme kū le?

金枪鱼寿司怎么这么好吃！　Jīnqiāngyú shòusī zěnme zhème hǎochī!

2 方法を尋ねる。　〈どのように、どうやって〉

你的名字怎么写？　　　　Nǐ de míngzi zěnme xiě?

「温泉旅館」用汉语怎么说？　「温泉旅館」yòng Hànyǔ zěnme shuō?

——汉语叫做"温泉旅馆"。　Hànyǔ jiàozuò "wēnquán lǚguǎn".

你们是怎么认识的？　　　Nǐmen shì zěnme rènshi de?

☞"是…的"構文、第12課参照

POINT 3　助動詞"应该"

"应该"＋動詞　〈(道理から当然)〜すべきである〉

否定形は"不应该"。　〈すべきでない〉

你应该多喝水。　　　　　Nǐ yīnggāi duō hē shuǐ.

上课的时候不应该玩儿手机。　Shàngkè de shíhou bù yīnggāi wánr shǒujī.

●発音を聞いて、文を繰り返し、次に a、b に語句を置き換えて練習しなさい。

1. 这里怎么这么**漂亮**！
   Zhèli zěnme zhème piàoliang!

热闹 rènao

安静 ānjìng

2. 今天应该**早睡觉**。
   Jīntiān yīnggāi zǎo shuìjiào.

多休息 duō xiūxi

少抽烟 shǎo chōuyān

◁)) **153**

語法ポイント&ドリルの新出単語

① 哭 kū 　動 泣く

② 金枪鱼 jīnqiāngyú 　名 マグロ

③ 寿司 shòusī 　名 鮨

④ 叫做 jiàozuò 　動 〜と呼ぶ、〜と言う

⑤ 旅馆 lǚguǎn 　名 旅館

⑥ 认识 rènshi 　動 知り合う

⑦ 上课 shàngkè 　動 授業に出る、授業をする

⑧ 时候 shíhou 　名 〜の時

⑨ 热闹 rènao 　形 にぎやかだ

⑩ 安静 ānjìng 　形 静かだ

⑪ 早 zǎo 　形 早い

⑫ 睡觉 shuìjiào 　動 寝る、眠る

⑬ 少 shǎo 　形 少ない

練習問題

① 質問を聞き、本文に基づき、口頭で答えなさい。　🔊 **154**

1. 浴衣的种类多不多？　　➡ ....

2. B 应该穿什么号的浴衣？　➡ ....

3. B 挑的浴衣怎么样？　　➡ ....

② 実際に基づき次の質問にピンインで答えなさい。

1. Nǐ chuānguo yùyī ma?　➡ ....

2. Rìběn de wēnquán lǚguǎn dōu yǒu yùyī ma?

　　　　　　　　　　　➡ ....

3. Nǐ yì nián qù jǐ cì wēnquán?　➡ ....

③ 次の日本語を中国語に訳しなさい。（簡体字とピンインで）

1. 私は毎年2回温泉に行きます。　[簡体字] ....

　　[ピンイン] ....

2. 今日はどうしてこんなにご機嫌なの。　[簡体字] ....

　　[ピンイン] ....

3. 私たちは中国語を習うべきです。　[簡体字] ....

　　[ピンイン] ....

🔊 **155**

GREATEST WORDS 名言コーナー

人生有两个悲剧，第一是想得到的得不到，
第二是想得到的得到了。　　　　——奥斯卡·王尔德

Rénshēng yǒu liǎng ge bēijù, dì yī shì xiǎng dédào de débudào,
dì èr shì xiǎng dédào de dédào le.　　　　——Àosīkǎ · Wáng'ěrdé

人生には悲劇が二つある。一つは得たいものが得られないこと、
二つ目は得たいものが得られたこと。　——オスカー・ワイルド（劇作家・小説家）

Lesson **20**

🤝 温泉旅館で(1)

在温泉旅馆（2） ●温泉旅館で⑵

🔊 156

KIKKAKE 友達になったので、一緒に温泉に入ることに.

A: 中国　也　有　温泉　吧？
Zhōngguó　yě　yǒu　wēnquán　ba?

B: 有。我们　是　穿着　泳衣
Yǒu.　Wǒmen　shì　chuānzhe　yǒngyī

泡　温泉。
pào　wēnquán.

A: （洗い場に下りて）先　在　这儿
Xiān　zài　zhèr

把　身子　洗干净。
bǎ　shēnzi　xǐgānjìng.

B: （温泉に入って）泡　温泉　真　舒服。
Pào　wēnquán　zhēn　shūfu.

A: 哎！毛巾　不　能　放进　温泉　里。
Āi!　Máojīn　bù　néng　fàngjìn　wēnquán　li.

B: 不　好意思。
Bù　hǎoyìsi.

A: 这里　还　有　可以　家庭　包场　的　温泉。
Zhèli　hái　yǒu　kěyǐ　jiātíng　bāochǎng　de　wēnquán.

🔊 157

新出語句

① 泳衣 yǒngyī 〔名〕水着
② 泡 pào 〔動〕（比較的長い時間液体に）
　漬ける、浸す
③ 把 bǎ 〔前〕～を（～する）
④ 身子 shēnzi 〔名〕体
⑤ 洗 xǐ 〔動〕洗う
⑥ 干净 gānjìng 〔形〕清潔だ、きれいだ
⑦ 舒服 shūfu 〔形〕気持ちがよい、心地よい、
　快適だ、気楽だ

⑧ 哎 āi 〔感〕あれ、おや、まあ
　（事の意外さに驚いた気持ちを表す）
⑨ 放 fàng 〔動〕置く、入れる
⑩ 不好意思 bù hǎoyìsi 〔組〕すみません、
　決まりが悪い
⑪ 家庭 jiātíng 〔名〕家族
⑫ 包场 bāochǎng 〔動〕（劇場や会場などを）借り切る

POINT 1　前置詞 "在"

"在"＋場所＋動詞　〈～で～する〉

"在"は動作の行われる場所を導く。

你在哪儿打工？　　Nǐ zài nǎr dǎgōng?

我在补习学校打工。　Wǒ zài bǔxí xuéxiào dǎgōng.

否定形は普通「"在"＋場所」の前に "不" や "没（有）" を置く。

他不在大学工作。　　Tā bú zài dàxué gōngzuò.

POINT 2　"把" 構文 ——処置文

"把"＋目的語＋動詞＋付加成分　〈～を～する〉

前置詞 "把" によって目的語を動詞の前に出し、その目的語に対して何らかの直接的変化を与える（処置する）ことを表す文。動詞の後に補語、"了"、動詞の重ね型などの付加成分が必ずつく。

请大家把手机放进书包里。　　Qǐng dàjiā bǎ shǒujī fàngjìn shūbāo li.

"把" 構文はまた、「予期せぬ、うっかりミス」を表す時にも使われる。

我把钱包丢了。　　Wǒ bǎ qiánbāo diū le.

否定形は "把" の前に "不" や "没（有）" を置く。

我还没把书看完。　Wǒ hái méi bǎ shū kànwán.

POINT 3　補語のまとめ

我看了两个小时手机。　Wǒ kànle liǎng ge xiǎoshí shǒujī.　➡ 第11課

这本杂志我看完了。　Zhè běn zázhì wǒ kànwán le.　➡ 第14課

这几天忙死我了。　Zhè jǐ tiān mángsi wǒ le.　➡ 第15課

她吃饭吃得很慢。　Tā chīfàn chīde hěn màn.　➡ 第15課

我把盒饭买来了。　Wǒ bǎ héfàn mǎilai le.　➡ 第17、21課

北海道一天回不来。　Běihǎidào yì tiān huíbulái.　➡ 第18、19課

Drill
ドリル

● 発音を聞いて、文を繰り返し、次に a、b に語句を置き換えて練習しなさい。

1. 我在**居酒屋**打工。
   Wǒ zài jūjiǔwū dǎgōng.

a

b

快餐店 kuàicāndiàn　　　　　　车站 chēzhàn

2. 我把**钱包**丢了。
   Wǒ bǎ qiánbāo diū le.

a

b

钥匙 yàoshi　　　　　　护照 hùzhào

🔊 160

語法ポイント&ドリルの新出単語

❶ 补习学校 bǔxí xuéxiào　名 塾
❷ 工作 gōngzuò　動 仕事をする
❸ 大家 dàjiā　代 みんな、みなさん
❹ 钱包 qiánbāo　名 財布
❺ 丢 diū　動 落とす、失う
❻ 饭 fàn　名 ご飯、食事
❼ 慢 màn　形 おそい、ゆっくりだ

❽ 北海道 Běihǎidào　固 北海道
❾ 一天 yì tiān　組 一日
❿ 快餐店 kuàicāndiàn　名 ファストフード店
⓫ 车站 chēzhàn　名 駅
⓬ 钥匙 yàoshi　名 鍵、キー
⓭ 护照 hùzhào　名 パスポート

 練習問題

① 質問を聞き、本文に基づき、口頭で答えなさい。　　　🔊 **161**

1. 中国人怎么泡温泉？　　➡ ....

2. 毛巾能不能放进温泉里？　➡ ....

3. 泡温泉舒服不舒服？　　➡ ....

② 実際に基づき、次の質問にピンインで答えなさい。

1. Dōngjīng yǒu wēnquán ma?　➡ ....

2. Nǐ xǐhuan pào wēnquán ma?　➡ ....

3. Nǐ zài nǎr dǎgōng?　　　➡ ....

③ 次の日本語を中国語に訳しなさい。（簡体字とピンインで）

1. 私はコンビニでバイトをしています。　簡体字 ....

　　ピンイン ....

2. 君、宿題をやり終えましたか。（"把"構文を用いて）

　　簡体字 ....

　　ピンイン ....

3. この本は一日では読み切れない。　簡体字 ....

　　ピンイン ....

🔊 **162**

GREATEST WORDS 名言コーナー

有时候，一个人只要好好儿活着，
就足以拯救某个人。　——东野圭吾

Yǒu shíhou, yí ge rén zhǐyào hǎohāor huózhe,
jiù zúyǐ zhěngjiù mǒu ge rén.　　——Dōngyě Guīwú

人は時に、健気に生きているだけで、誰かを救っていることがある。
　　　　　　　　　　　　　　　　　——東野圭吾

在大街上 (1) ●街で (1)

 163

街で声をかけられました.

B : Excuse me?

A : 我　能　听懂　一点儿　汉语。
Wǒ　néng　tīngdǒng　yìdiǎnr　Hànyǔ.

B : 这　附近　有　外汇　兑换处　吗？
Zhè　fùjìn　yǒu　wàihuì　duìhuànchù　ma?

A : 有。一直　走，第　二　个　红绿灯　右　转。
Yǒu.　Yìzhí　zǒu,　dì　èr　ge　hónglùdēng　yòu　zhuǎn.

B : 要　走　多　长　时间？
Yào　zǒu　duō　cháng　shíjiān?

A : 五、六　分钟　吧。
Wǔ、liù　fēnzhōng　ba.

B : 啊，下　雨　了。谢谢　你，再见。
A,　xià　yǔ　le.　Xièxie　nǐ,　zàijiàn.

🔊 164

新出語句

1 大街 dàjiē　名 大通り、繁華街
2 附近 fùjìn　名 付近、近辺
3 外汇 wàihuì　名 外貨
4 兑换 duìhuàn　動 両替する
5 兑换处 duìhuànchù　名 両替所
6 处 chù　名 処、場所
7 一直 yìzhí　副 まっすぐに、ずっと

8 第 dì　接辞 (数字の前におき) 第～
9 红绿灯 hónglùdēng　名 交通信号
10 右 yòu　名 右
11 转 zhuǎn　動 曲がる
12 下雨 xià yǔ　組 雨が降る
13 再见 zàijiàn　動
　　(挨拶) さようなら、また会いましょう

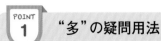

POINT 1 "多"の疑問用法

"多"＋形容詞（长 / 大 / 远 / 高 / 重）　〈どのくらい〜、どれほど〜〉

多くは積極的意味をもつ形容詞の前に置き，程度や数量を尋ねる。

你有多高？　　　　Nǐ yǒu duō gāo?

―― 一米六三。　　Yì mǐ liù sān.

黄河有多长？
Huánghé yǒu duō cháng?

――全长 5464 公里。
Quán cháng wǔqiān sìbǎi liùshísì gōnglǐ.

POINT 2 存現文 ――人や物などの存在・出現・消失を表す文

場所 / 時間＋動詞＋付加成分＋人 / モノ

付加成分はよく"着"、"了"、結果補語、方向補語などが担う。

桌子上放着一本中文书。　Zhuōzi shang fàngzhe yì běn Zhōngwén shū.

昨天来了两位客人。　　Zuótiān láile liǎng wèi kèren.

我们公司走了一个科长。　Wǒmen gōngsī zǒule yí ge kēzhǎng.

目的語は不定の人 / モノを表す。

× 昨天来了我妈妈。 ⇨ 昨天我妈妈来了。

POINT 3 一点儿 / 一下 / 一会儿　〈少し、ちょっと〉

物の量
我还有一点儿钱。　　Wǒ hái yǒu yìdiǎnr qián.

動作の量
我去一下洗手间。　　Wǒ qù yíxià xǐshǒujiān.

時間の量
你在这儿等我一会儿。　Nǐ zài zhèr děng wǒ yíhuìr.

● 発音を聞いて、文を繰り返し、次に a、b に語句を置き換えて練習しなさい。

1. 你的书包有多重？
   Nǐ de shūbāo yǒu duō zhòng?

富士山 Fùshìshān / 高 gāo

晴空塔 Qíngkōngtǎ / 高 gāo

2. 桌子上放着一本书。
   Zhuōzi shang fàngzhe yì běn shū.

放 fàng / 一盆花 yì pén huā

坐 zuò / 一只猫 yì zhī māo

🔊 167

語法ポイント&ドリルの新出単語

① 米 mǐ 量 メートル
② 黄河 Huánghé 固 黄河
③ 全 quán 形 すべての、あらゆる
④ 公里 gōnglǐ 量 キロメートル
⑤ 中文 Zhōngwén 名 中国語、中文
⑥ 位 wèi 量 人を数える（敬意を込めた言い方）
⑦ 客人 kèrén 名 お客、来客
⑧ 公司 gōngsī 名 会社
⑨ 走 zǒu 動 離れる、出発する
⑩ 科长 kēzhǎng 名 課長、科長
⑪ 一会儿 yíhuìr 数量 しばらくの間
⑫ 重 zhòng 形 重い
⑬ 富士山 Fùshìshān 固 富士山
⑭ 晴空塔 Qíngkōngtǎ 固 スカイツリー
⑮ 盆 pén 名 鉢、ボウル
⑯ 花 huā 名 花
⑰ 只 zhī 量 （小型の動物を数える）～匹
⑱ 猫 māo 名 猫

練習問題

1 質問を聞き、本文に基づき、口頭で答えなさい。　◁)) **168**

1. A 能听懂汉语吗？　➡ _____

2. 去外汇兑换处怎么走？　➡ _____

3. 去外汇兑换处要走几分钟？　➡ _____

2 実際に基づき、次の質問にピンインで答えなさい。

1. Nǐ de zhuōzi shang fàngzhe shénme?　➡ _____

2. Nǐ yǒu duō gāo?　➡ _____

3. Nǐ zhīdao Fùshìshān yǒu duō gāo ma?　➡ _____

3 次の日本語を中国語に訳しなさい。（簡体字とピンインで）

1. 電車で 10 分間ぐらいかかります。　簡体字 _____

   ピンイン _____

2. あなたはパスポートを持っていますか。　簡体字 _____

   ピンイン _____

3. 机の上に鞄が一つ置いてあります。　簡体字 _____

   ピンイン _____

◁)) **169**

GREATEST WORDS 名言コーナー

没有人一开始就能想清楚。
只有做起来，目标才会越来越清楚。
　　　　　　　——马克·扎克伯格

Méiyou rén yì kāishǐ jiù néng xiǎngqīngchu.
Zhǐyǒu zuòqǐlai, mùbiāo cái huì yuè lái yuè qīngchu.
　　　　　　　——Mǎkè · Zhākèbógé

最初からはっきりと分かる人はいない。やり出してから初めて、
目標がますますはっきり見えてくる。　——マーク・ザッカーバーグ (Facebook CEO)

Lesson **22**

街で (1)

在大街上（2） ●街で（2）

KIKKAKE 中国語が話せる人はいますかという声が聞こえる.
近寄ってみると、誰かが倒れている.

A: **我 会 说 汉语。 她 怎么 了？**
Wǒ huì shuō Hànyǔ. Tā zěnme le?

B: **走着 走着 突然 晕倒 了。**
Zǒuzhe zǒuzhe tūrán yūndǎo le.

A: **可能 是 中暑 了 吧， 今天 太 热 了。**
Kěnéng shì zhòngshǔ le ba, jīntiān tài rè le.

B: **这 可 怎么 办？**
Zhè kě zěnme bàn?

A: **别 着急， 我 去**
Bié zháojí, wǒ qù

叫 救护车。
jiào jiùhùchē.

B: **救护车 来 了。**
Jiùhùchē lái le.

A: **轻 点儿。**
Qīng diǎnr.

① 怎么了 zěnme le 組 どうしましたか

② 突然 tūrán 形 突然

③ 晕 yūn 動 気絶する

④ 倒 dǎo 動 倒れる

⑤ 可能 kěnéng 助動 たぶん

⑥ 中暑 zhòngshǔ 動 熱射病にかかる、暑さに当たる

⑦ 怎么办 zěnme bàn 組 どうしましょう

⑧ 办 bàn 動 する、やる

⑨ 别 bié 副 ～するな、～してはいけない

⑩ 着急 zháojí 形 焦っている、落ち着かない

⑪ 救护车 jiùhùchē 名 救急車

⑫ 轻 qīng 形 （動作が）静かである、
力を入れていない、そっと～

Lesson **23**

街で(2)

POINT 1 動詞＋“着”＋（同じ）動詞＋“着” 〈～しているうちに（～する）〉

ある動作をしているうちに次の動きがいつの間にか発生していることを表す。

我昨晚看书，看着看着就睡着了。
Wǒ zuówǎn kànshū, kànzhe kànzhe jiù shuìzháo le.

她说着说着眼圈儿红了。
Tā shuōzhe shuōzhe yǎnquānr hóng le.

POINT 2 助動詞“可能” 〈～の可能性がある〉

今天可能会下雪。　　　Jīntiān kěnéng huì xià xuě.

他可能不在家。　　　　Tā kěnéng bú zài jiā.

这件事她可能还不知道。　Zhèi jiàn shì tā kěnéng hái bù zhīdào.

POINT 3 副詞“别” 〈～するな、～してはいけない〉

禁止や制止を表す。

别担心。　　Bié dānxīn.

别打扰我，我明天有考试。
Bié dǎrǎo wǒ, wǒ míngtiān yǒu kǎoshì.

“别…了”は今行われている動作の中止を
求める表現。

别开玩笑了。
Bié kāi wánxiào le.

别吃了，你不想减肥了？
Bié chī le, nǐ bù xiǎng jiǎnféi le?

别被他的甜言蜜语骗了。
Bié bèi tā de tiányán mìyǔ piàn le.

中国常用電話

● 匪警	fěijǐng	警察	110
● 火警	huǒjǐng	火事	119
● 急救	jíjiù	救急	120
● 交通事故	jiāotōng shìgù	交通事故	122
● 电话查号	diànhuà cháhào	番号調べ	114
● 天气预报	tiānqì yùbào	天気予報	121
● 报时服务	bàoshí fúwù	時報	12117

Drill
ドリル

● 発音を聞いて、文を繰り返し、次に a、b に語句を置き換えて練習しなさい。

1. 今天可能会**出太阳**。
   Jīntiān kěnéng huì chū tàiyáng.

刮风 guā fēng

下雨 xià yǔ

2. 你别**唱**了。
   Nǐ bié chàng le.

哭 kū

笑 xiào

語法ポイント & ドリルの新出単語

① 昨晚 zuówǎn　[名] 昨晩

② 着 zháo　[動] 動詞の後に置き、動作の
　目的や結果に達することを表す

③ 眼圈儿红 yǎnquānr hóng　[組] 涙ぐむ

④ 下雪 xià xuě　[組] 雪が降る

⑤ 担心 dānxīn　[動] 心配する

⑥ 打扰 dǎrǎo　[動] 邪魔する

⑦ 考试 kǎoshì　[動] 試験をする

⑧ 开玩笑 kāi wánxiào　[組] 冗談を言う、ふざける

⑨ 减肥 jiǎnféi　[動] ダイエットする

⑩ 被 bèi　[前] ～に（～される）
　（受け身の形で後に仕手が示される）

⑪ 甜言蜜语 tiányán mìyǔ　[成] 甘い言葉

⑫ 骗 piàn　[動] だます

⑬ 出 chū　[動] 出る、出現する

⑭ 太阳 tàiyáng　[名] 太陽、陽光、日差し

⑮ 刮风 guā fēng　[組] 風が吹く

練習問題

① 質問を聞き、本文に基づき、口頭で答えなさい。　　　🔊 **175**

1. A 会不会说汉语？　　⇒ ....

2. B 的朋友突然怎么了？　⇒ ....

3. A 把什么车叫来了？　　⇒ ....

② 実際に基づき次の質問にピンインで答えなさい。

1. Jīntiān jǐ yuè jǐ hào xīngqī jǐ?　⇒ ....

2. Míngtiān kěnéng xià xuě ma?　⇒ ....

3. Nǐ jiàoguo jiùhùchē ma?　　　⇒ ....

③ 次の日本語を中国語に訳しなさい。（簡体字とピンインで）

1. 彼女は食べているうちに寝てしまった。 簡体字 ....

　　　ピンイン ....

2. 彼らは今年結婚するかも。 簡体字 ....

　　　ピンイン ....

3. 授業中にスマホを見るな。 簡体字 ....

　　　ピンイン ....

🔊 **176**

GREATEST WORDS 名言コーナー

傻瓜总是相信自己以外的人都是傻瓜。
——芥川龙之介

Shǎguā zǒngshì xiāngxìn zìjǐ yǐwài de rén dōu shì shǎguā.
——Jièchuān Lóngzhījiè

阿呆はいつも彼以外のものを阿呆であると信じている。
——芥川 龍之介

欢迎你到北京玩儿 ●北京へいらっしゃい！

🔊 177

KIKKAKE ずっと付き添った君、
感動した中国人客は北京に誘った．

A： 大夫， 她 不要紧 吧。
Dàifu, tā búyàojǐn ba.

医 C： 不要紧。
Búyàojǐn.

吃 点儿 药 很 快 就 会 好 的。
Chī diǎnr yào hěn kuài jiù huì hǎo de.

A： (病人の友人に) 你 放心 吧， 她 没事 了。
Nǐ fàngxīn ba, tā méishì le.

B： 真 不 知 怎么 感谢 你 才 好。
Zhēn bù zhī zěnme gǎnxiè nǐ cái hǎo.

A： 别 客气。 祝 你们 在 东京 玩儿得 愉快。
Bié kèqi. Zhù nǐmen zài Dōngjīng wánrde yúkuài.

B： 加 个 微信 吧， 欢迎 你 到 北京 玩儿。
Jiā ge Wēixìn ba, huānyíng nǐ dào Běijīng wánr.

A： 好， 后会 有期。
Hǎo, hòuhuì yǒuqī.

🔊 178

新出語句

❶ 大夫 dàifu 名 医者
❷ 不要紧 búyàojǐn 形 構わない、
　　差し支えない、問題ない
❸ 快 kuài 形 速い
❹ 会 huì 助動 ～する可能性がある、
　　～するはずである
❺ 放心 fàngxīn 動 安心する
❻ 没事 méishì 動 何事もない、用事がない
❼ 知 zhī 動 知る
❽ 感谢 gǎnxiè 動 感謝する

❾ 才 cái 副 やっと、～して初めて
❿ 客气 kèqi 動 遠慮する、気を遣う
⓫ 祝 zhù 動 祈る
⓬ 东京 Dōngjīng 固 東京
⓭ 愉快 yúkuài 形 楽しい、愉快だ
⓮ 加 jiā 動 加える
⓯ 欢迎 huānyíng 動 歓迎する
⓰ 到 dào 動 行く、来る、到達する
⓱ 后会有期 hòuhuì yǒuqī 成 後日再会することを
　　期待する．そのうちまたお目にかかりましょう

POINT 1　助動詞"会" 〈～起こりうる可能性がある、～するはずである〉

文末によく、判断の語気を強める"的"を加える。

明天会下雪吗？　　　　　Míngtiān huì xià xuě ma?

这个礼物，他一定会喜欢的。　Zhèige lǐwù, tā yídìng huì xǐhuan de.

否定は"不会"。

别担心，不会有事的。　　　Bié dānxīn, bú huì yǒu shì de.

你的自行车不会丢的。　　　Nǐ de zìxíngchē bú huì diū de.

这件事她不会不知道的。　　Zhèi jiàn shì tā bú huì bù zhīdào de.

POINT 2　祝福の表現

祝你好运！　　　　Zhù nǐ hǎo yùn!　　　　（ご幸運を！）

祝你一路平安。　　Zhù nǐ yílù píng'ān.　　（道中のご無事をお祈りいたします！）

祝你们成功！　　　Zhù nǐmen chénggōng!　　（ご成功を祈ります！）

祝你一切幸福如意！　Zhù nǐ yíqiè xìngfú rúyì!　（すべてが幸せにうまくいくように！）

POINT 3　前置詞のまとめ

春假从 2 月中旬开始。　　Chūnjià cóng èryuè zhōngxún kāishǐ.

我家离你家不太远。　　　Wǒ jiā lí nǐ jiā bú tài yuǎn.

你跟我学画画儿吧。　　　Nǐ gēn wǒ xué huà huàr ba.

我哥哥比我高 8 公分。　　Wǒ gēge bǐ wǒ gāo bā gōngfēn.

把你的手机借给我用一下，好吗？　Bǎ nǐ de shǒujī jiègěi wǒ yòng yíxià, hǎo ma?

●発音を聞いて、文を繰り返し、次にa、bに語句を置き換えて練習しなさい。

1. 你一定会喜欢这个**礼物**的。
   Nǐ yídìng huì xǐhuan zhèige lǐwù de.

玩具熊 wánjù xióng

熊猫巧克力 xióngmāo qiǎokèlì

2. 祝你**生日**快乐。
   Zhù nǐ shēngrì kuàilè.

圣诞 Shèngdàn

新年 xīnnián

🔊 181

語法ポイント&ドリルの新出単語

① 祝 zhù 　動 祈る

② 好运 hǎo yùn 　組 好運

③ 一路平安 yílù píng'ān 　成 道中ご無事で

④ 成功 chénggōng 　動 成功する

⑤ 一切 yíqiè 　代 一切の、すべての

⑥ 幸福 xìngfú 　形 幸福な、幸せである

⑦ 如意 rúyì 　動 意にかなう、気に入る

⑧ 春假 chūnjià 　名 春休み

⑨ 中旬 zhōngxún 　名 中旬

⑩ 开始 kāishǐ 　動 開始する、スタートする

⑪ 礼物 lǐwù 　名 プレゼント

⑫ 有事 yǒu shì 　組 何事か起こる

⑬ 自行车 zìxíngchē 　動 自転車

⑭ 玩具熊 wánjù xióng 　名 玩具の熊ちゃん

⑮ 熊猫 xióngmāo 　名 パンダ

⑯ 生日 shēngrì 　名 誕生日

⑰ 快乐 kuàilè 　形 楽しい

⑱ 圣诞 Shèngdàn 　固 クリスマス

⑲ 新年 xīnnián 　名 新年

練習問題

1 質問を聞き、本文に基づき、口頭で答えなさい。　　　　　　　　　🔊 **182**

1. A 说晕倒的病人怎么样了？　➡ ....

2. A 加 B 的微信了吗？　➡ ....

3. B 说欢迎 A 到哪儿玩儿？　➡ ....

2 実際に基づき次の質問にピンインで答えなさい。

1. Nǐ de shēngrì jǐ yuè jǐ hào?　➡ ....

2. Nǐ xiǎng bu xiǎng qù Běijīng wánr?　➡ ....

3. 「ご好運を！」yòng Hànyǔ zěnme shuō?　➡ ....

3 次の中国語を日本語に訳しなさい。（簡体字とピンインで）

1. 明日、雨が降りそうですか。　簡体字 ....

   ピンイン ....

2. ご安心ください。もう大丈夫です。　簡体字 ....

   ピンイン ....

3. 上海に遊びに来られるのを歓迎いたします。

   　簡体字 ....

   ピンイン ....

🔊 **183**

GREATEST WORDS 名言コーナー

有公众在场，考虑公众，就是活在谎言中。

——米兰·昆德拉

Yǒu gōngzhòng zài chǎng, kǎolù gōngzhòng,
jiù shì huózài huǎngyán zhōng.　—Mǐlán·Kūndélā

観客がいたり、観客を意識したりすることは、嘘の中で生きることを意味する。

——ミラン・クンデラ（作家）

KIKKAKE 1

こんにちは！

你好！ Nǐ hǎo!

KIKKAKE 2

中国人ですか。　（Lesson 5）

你是中国人？ Nǐ shì Zhōngguórén?

KIKKAKE 3

落とし物ですよ。　（Lesson 5）

你的东西掉了。 Nǐ de dōngxi diào le.

KIKKAKE 4

お名前は何と言いますか。　（Lesson 6）

你叫什么名字？ Nǐ jiào shénme míngzi?

KIKKAKE 5

ここ空いていますか。　（Lesson 7）

这儿有人吗？ Zhèr yǒu rén ma?

KIKKAKE 6

このお嬢さん，本当に可愛い！　（Lesson 9）

这小姑娘真可爱。 Zhèi xiǎogūniang zhēn kě'ài.

KIKKAKE 7

お撮りしましょうか。　（Lesson 10）

我帮你们照吧。 Wǒ bāng nǐmen zhào ba.

KIKKAKE 8

中国人ですよね。　（Lesson 11）

你是中国人吧？ Nǐ shì Zhōngguórén ba?

KIKKAKE 9

何かお困りですか。　（Lesson 12）

需要帮忙吗？ Xūyào bāngmáng ma?

KIKKAKE 10

こんにちは。何をお探しですか。　（Lesson 14）

您好，您在找什么？ Nín hǎo, nín zài zhǎo shénme?

KIKKAKE 11

いらっしゃいませ。中へどうぞ。　（Lesson 15）

欢迎光临。里边儿请。 Huānyíng guānglín. Lǐbianr qǐng.

KIKKAKE 12

熱いおしぼりをどうぞ。　（Lesson 15）

给您热毛巾。 Gěi nín rè máojīn.

KIKKAKE 13	メニューをどうぞ。　(Lesson 16)

给您菜单。　Gěi nín càidān.

KIKKAKE 14	みなさんはホテルに戻るのですか。　(Lesson 17)

你们是回饭店去吗？ Nǐmen shì huí fàndiàn qù ma?

KIKKAKE 15	日本語難しい？　(Lesson 19)

日语难不难？ Rìyǔ nán bu nán?

KIKKAKE 16	日本の食事には慣れましたか。　(Lesson 19)

日本料理吃得惯吗？ Rìběn liàolǐ chīdeguàn ma?

KIKKAKE 17	案内しましょう。　(Lesson 20)

我带你们去吧。　Wǒ dài nǐmen qù ba.

KIKKAKE 18	中国にも温泉がありますよね。　(Lesson 21)

中国也有温泉吧？ Zhōngguó yě yǒu wēnquán ba?

KIKKAKE 19	私、中国語は少し分かります。　(Lesson 22)

我能听懂一点儿汉语。　Wǒ néng tīngdǒng yìdiǎnr Hànyǔ.

KIKKAKE 20	私は中国語が話せます。　(Lesson 23)

我会说汉语。　Wǒ huì shuō Hànyǔ.

KIKKAKE 21	彼女どうかしましたか。　(Lesson 23)

她怎么了？　Tā zěnme le?

KIKKAKE 22	落ち着いてください。救急車を呼びますから。　(Lesson 23)

别着急，我去叫救护车。　Bié zháojí, wǒ qù jiào jiùhùchē.

KIKKAKE 23	彼女は大丈夫ですよね。　(Lesson 24)

她不要紧吧。　Tā búyàojǐn ba.

KIKKAKE 24	東京でどうぞ楽しくお過ごしください。(Lesson 24)

祝你们在东京玩儿得愉快。　Zhù nǐmen zài Dōngjīng wánrde yúkuài.

語彙索引

各課の「新出語句」及び「語法ポイント＆ドリルの新出語句」にあるものを、アルファベット順に並べた。数字は課を表す。

　一つの外国語を学ぶということは，おそらく書物や音声データだけでは完成しないところがあるように思える。その外国語の，生きたネイティブとの交流が欠かせないのではないか。

　自分のことを振り返ってみる。中学，高校を通じて，外国人と言語的な交流はなかった。だから，学んだ英語は，どこか暗号解読のようなところがあった。

　それが大学に入ってから様子が変わった。目の前に中国語を話す中国人がいて，台湾人がいた。こちらが中国語を話せば，それに応じてくれる。相手の言うことが分かる。分からないときも聞き返せば，ゆっくり繰り返してくれる。それは新たな驚きの体験であった。活字や書物の世界とは別の面白さがある。発見もある。

　外国語を母国語のように話すようになりたい。その鍵はネイティブの友人をもつことだろう。彼あるいは彼女の口から発せられる言葉は，その刺激性，切実性において，書物やCDなどから受けるものとは違う。それはそうだろう。あなたに関心をもち，あなたに訊ね，あなたの質問に応えてくれるのだ。心に響かないはずはない。

　今回，『きっかけ24』という，これまでとは一風変わったテキストを編んでみたのは，上のような想いに突き動かされてのことである。このような「友だち作り」を標榜した教材は初めての試みである。これは「友活」ともいうべき活動である。いま，街には中国語圏からの人々があふれている。さらに大学には多くの留学生がいる。この流れは続くだろう。

　日本人は内気ゆえ，自分で話しかけられない人も多い。大学には留学生会といった組織があるところも多いようだ。留学生と日本人学生との懇親会のようなものを開いてみるのはどうだろう。

　新しい「きっかけ24」を先生にお願いして作ってもらってもよい。"您貴姓？"からはじめて，"你的名字怎么写？"や，"我的名字怎么念？"など，役に立ちそうなフレーズを教えてもらい，おしゃべりに備えるのだ。

　ちょっと動いてみませんか。

令和元年
著者

著者

相原　茂
　　中国語コミュニケーション協会代表

蘇　　紅
　　東京外国語大学講師

表紙・本文デザイン　　小熊未央
本文イラスト　　　　　斯比 スビ (ノーウォール)
発音イラスト　　　　　富田淳子

SPECIAL THANKS　　林屋啓子

初級中国語　きっかけ24

| 検印
省略 | © 2020 年 1 月 31 日　初 版　発行
2023 年 1 月 31 日　第 3 刷　発行 |

| 著　者 | 相原　茂 |
| | 蘇　紅 |

| 発行者 | 小 川 洋 一 郎 |
| 発行所 | 株式会社 朝 日 出 版 社 |

〒 101-0065　東京都千代田区西神田 3-3-5
電話 (03) 3239-0271 (直通)
振替口座　東京 00140-2-46008
欧友社／図書印刷

ISBN978-4-255-45334-7　C1087